AF453769

EMPLOIS DIVERS DE L'ÉLECTRICITÉ

CONDUITE DES ATELIERS
APPAREILS DE LEVAGE — ÉLECTRO-AIMANTS
AGRICULTURE

ENCYCLOPÉDIE
ÉLECTROTECHNIQUE

PAR

UN COMITÉ D'INGÉNIEURS SPÉCIALISTES

F. LOPPÉ, INGÉNIEUR DES ARTS ET MANUFACTURES

SECRÉTAIRE

EMPLOIS DIVERS DE L'ÉLECTRICITÉ

Conduite des Ateliers.
Appareils de Levage. — Electro-aimants.
Agriculture.

PAR

Emile BAUDRAN

CHEF DE BATAILLON DU GÉNIE
DIPLOMÉ DE L'ÉCOLE SUPÉRIEURE DE L'ÉLECTRICITÉ

Révisé et complété par L. BARBILLION

DIRECTEUR DE L'INSTITUT ÉLECTROTECHNIQUE DE L'UNIVERSITÉ DE GRENOBLE

PARIS
ALBIN MICHEL
22, Rue Huyghens

1918

AVERTISSEMENT

Nous n'avons pas eu en vue de réunir dans ce fascicule de l'Encyclopédie toutes les applications de l'électricité qui n'ont pas trouvé place dans les autres, il aurait fallu pour cela un énorme volume. Nous nous sommes contentés de présenter ici un résumé de quelques-unes des plus importantes de ces applications, offrant un caractère de généralité suffisant pour qu'on puisse énoncer ou faire apparaître quelques principes généraux applicables à un grand nombre de cas, sans entrer dans des études de détails qui, pour la plupart, se rapportent plus à la technologie de l'application qu'à l'électricité elle-même.

Nous n'avons pas parlé du chauffage électrique quoique cette application soit une de celles destinées à se répandre de plus en plus. La description des appareils dont le principe a été donné dans le fascicule 45 aurait consisté dans la rédaction d'un catalogue. Leurs avantages en sont bien connus : dissémination des sources de chaleur, installation en un point quelconque, hygiène assurée par la suppression des gaz nocifs. Leur emploi est limité seulement par la question du prix d'achat et de celui de l'énergie. Il y a donc là une simple discussion économique qui ne trouve pas sa place dans ce fascicule surtout technique.

E. B.

AVERTISSEMENT DE L'ÉDITEUR

Le décès du si regretté Commandant BAUDRAN, auquel avait été confiée la rédaction du fascicule 54, est venu entraver la publication de ce travail.

Pour assurer celle-ci, nous avons dû faire appel au bienveillant concours de l'un des auteurs dont la tâche, dans la mise sur pied des volumes de l'Encyclopédie Electrotechnique, avait été particulièrement importante. M. L. BARBILLION a bien voulu accepter cette mission et, tout en respectant le texte dû au Commandant BAUDRAN, il a pu apporter au fascicule les compléments et retouches nécessaires et le mettre en harmonie avec l'état actuel de l'industrie. Ainsi ont pu être évitées toute lacune et aussi toute répétition avec le texte des fascicules déjà parus.

ALBIN MICHEL.

CHAPITRE PREMIER

Organisation électrique des ateliers

Coefficient d'activité

Dans la discussion qui va suivre, relativement à l'emploi de l'électricité pour la transmission de l'énergie dans les ateliers, nous aurons à nous occuper du rendement des transmissions. Or, au point de vue économique, c'est-à-dire pour la détermination du prix de revient de cette énergie, il ne suffit pas de considérer simplement le rendement mécanique de cette transmission, rapport de l'énergie utilisée à celle dépensée pendant le travail de la machine réceptrice; il faut tenir compte, comme l'a montré M. Hillairet, de ce qu'il a appelé le coefficient d'activité de cette transmission. Les machines réceptrices ne fonctionnent en effet que pendant une fraction $\frac{1}{K}$ du temps où les machines génératrices sont en œuvre. Le reste du temps ces réceptrices sont au repos, soit qu'elles ne soient pas d'un emploi continu dans l'atelier, soit qu'on doive les arrêter pour monter les pièces ou les outils ou pour régler leur fonctionnement.

Admettons, ce qui est légitime pour le raisonnement, que ces périodes d'activité et de repos soient uniformément réparties dans toutes les unités du temps et considérons ce qui passe dans une quelconque d'entre d'elles.

Soient T_m la puissance du moteur conduisant la transmission, r le rendement mécanique de celle-ci ; la puissance utile recueillie sera :

$$r\,T_m,$$

la puissance absorbée par la transmission sera :

$$(1 - r)\,T_m.$$

Les machines réceptrices ne fonctionnant que pendant le temps $\dfrac{1}{K}$, le travail utile recueilli pendant l'unité de temps sera :

$$T_u = \frac{1}{K}\, T_m\, r,$$

correspondant à un travail moteur :

$$T_{1m} = \frac{1}{K}\, T_m,$$

pendant le reste $\left(1 - \dfrac{1}{K}\right)$ du temps le moteur se règle de manière à ne fournir que l'énergie absorbée par la transmission qui, elle, continue à tourner ; admettons, ce qui est inférieur à la réalité, que la puissance consommée par cette transmission soit la même à vide qu'en charge ; l'énergie ainsi dépensée aura pour valeur :

$$T_{2m} = \left(1 - \frac{1}{K}\right)(1 - r)\, T_m.$$

Le travail moteur total dépensé dans l'unité de temps sera :

$$T_M = T_{1m} + T_{m2} = \frac{T_m}{K} \times \left(1 - \frac{1}{K}\right)(1 - r)\, T_m.$$

Le rendement réel a donc pour expression :

$$R = \frac{T_u}{T_M} = \frac{\dfrac{1}{K}\, T_m r}{\dfrac{1}{K}\, T_m - \left(1 - \dfrac{1}{K}\right)(1 - r)\, T_m} = \frac{r}{1 + (K - 1)(1 - r)}.$$

On voit que le rendement réel est notablement inférieur au rendement mécanique, et cela d'autant plus que le coefficient d'activité est plus petit (K plus grand). Ainsi, pour une bonne transmission mécanique de rendement $r = 0,7$, le rendement réel pour un coefficient d'activité égal à 3/4 serait 0,63 ; si le coefficient d'activité tombe à 1/2, ce qui se présente dans beaucoup d'ateliers où des machines de puissance moyenne exécutent des travaux variés demandant beaucoup de montages et de démontages, et par suite beaucoup de repos, le rendement réel ne sera plus que 0,53.

Généralités

Le problème de l'organisation des usines et des ateliers est complexe, et l'on ne peut adopter de solution *à priori*. La force motrice initiale sera toujours celle qui provient de moteurs thermiques ou hydrauliques, et il s'agit de l'approprier dans des conditions convenables à la conduite des diverses machines opératrices de l'installation. Doit-on se servir dans ce but uniquement des transmissions mécaniques par poulies et courroies ? Doit-on, au contraire, transformer cette énergie en énergie électrique qui servira à alimenter des moteurs commandant les machines opératrices, ou doit-on enfin combiner les deux systèmes ? On peut aussi envisager, au lieu de la transformation de la force motrice en électricité, l'emploi de l'eau sous pression ou de l'air comprimé pour la transmission de l'énergie. Cette discussion sortirait du cadre qui nous est fixé ; contentons-nous de rappeler que ces modes de transmission ne se prêtent, de par leur nature même, qu'à un nombre assez restreint d'applications pour lesquelles elles ne souffrent d'ailleurs que peu de concurrence. Nous ne nous occuperons donc ici que de la transmission électrique envisagée parallèlement ou conjointement avec les transmissions mécaniques.

Pour l'étude de cette question, il nous faudrait envisager successivement les trois points de vue primordiaux en matière industrielle : *l'économie (augmentation des recettes et diminution des dépenses), la commodité et la sécurité.*

Il est impossible en réalité d'examiner ainsi successivement l'influence de ces trois facteurs, en raison de leurs relations intimes. La commodité d'une installation n'entraîne-t-elle pas par elle-même un accroissement de la sécurité ? Ne résulte-t-il pas aussi de cette commodité une plus grande rapidité dans l'exécution des diverses opérations, entraînant une diminution de la main-d'œuvre et une meilleure utilisation des heures de travail et, par suite, un accroissement de l'économie de la production ? La meilleure sécurité diminue aussi les frais, puisque les accidents risquant moins de se produire, on aura moins de dépenses à prévoir de ce côté. Enfin, en donnant plus de commodité et de sécurité à l'ouvrier, ne le met-on pas dans de meilleures conditions morales, ce qui ne peut qu'influencer heureusement sur son travail et, par conséquent, n'être qu'une source de profits sous tous les rapports ?

C'est pourquoi nous allons chercher à mettre en évidence la manière dont devrait être organisée rationnellement une usine, en tenant compte à la fois de ces facteurs au fur et à mesure que nous aurons l'occasion de les rencontrer.

Organisation générale. — Une usine quelconque reçoit toujours de l'extérieur des matériaux, plus ou moins bruts, auxquels elle doit faire subir une série plus ou moins complexe d'opérations pour arriver à les évacuer sous la forme de matières ouvragées. Comme annexe, on doit envisager l'écoulement des résidus et déchets de fabrication, ou leur régénération lorsqu'il est possible d'en tirer parti sous une forme quelconque.

Un premier principe, évident *à priori*, c'est que l'usine devra être partagée en un certain nombre d'ateliers, dans chacun desquels on se livrera à des opérations de nature bien déterminée représentant l'une des phases de la fabrication. Un second principe, non moins évident, c'est qu'il faut réduire au minimum les manipulations accessoires et en particulier les transports d'un atelier dans un autre, ou à l'intérieur d'un atelier. En bonne organisation, les matériaux doivent s'écouler de l'entrée à la sortie de l'usine suivant un chemin continu, bien déterminé et sans avoir jamais à revenir sur leurs pas.

Ces principes, appliqués aussi largement que le permettent les circonstances locales et les conditions particulières de fabrication, donnent les bases de la répartition des ateliers dans l'usine et des machines opératrices dans chacun de ces ateliers.

Il s'agit maintenant de déterminer l'emplacement des générateurs de force motrice. Quelquefois cet emplacement se trouve strictement imposé. C'est le cas des usines alimentées par une force hydraulique ; c'est celui aussi de bien des usines métallurgiques, où l'on emploie la chaleur perdue des hauts fourneaux ou des fours, à alimenter des chaudières fournissant la vapeur aux moteurs, ou bien où l'on utilise les gaz qui s'échappent de ces appareils pour alimenter directement des moteurs à explosion.

Lorsque la place des moteurs est ainsi nettement déterminée, la question de la transmission aux ateliers se présente sous une forme simple. Les transmissions mécaniques ne se prêtent qu'à des transports d'énergie à faible distance du point de production, même en employant des câbles télédynamiques ; le nombre assez grand des renvois, la difficulté des changements de direction font de ceux-ci un mode peu pratique. Aussi, sauf pour la conduite des machines situées dans l'atelier même où est situé le moteur, sera-t-on presque toujours obligé de passer par l'intermédiaire de l'électricité.

Dans le cas où l'on est libre du choix de l'emplacement de la force motrice, on devra se guider sur ce *qu'il faut faire commander le plus grand nombre possible d'opératrices par une même source d'énergie*. En premier lieu, il y a d'abord intérêt à employer des moteurs aussi puissants que possible, car le rendement croît avec la puissance. En second lieu, les machines opératrices ne travaillent pas toutes en même temps et la puissance dépensée à chaque instant est notablement inférieure à la somme des puissances, 30 à 35 % dans les ateliers mécaniques, de toutes les machines installées. En outre, lorsque ces machines travaillent, elles ne le font pas toujours à pleine charge. Il est donc possible, après une étude sérieuse du fonctionnement de l'usine, de former des groupes d'opératrices, tels que la puissance consommée soit assez grande pour que la motrice ait un bon rendement et aussi pour que, malgré les variations individuelles de chaque machine, la puissance totale à fournir soit presque constante, de sorte que la motrice travaille toujours au voisinage de sa pleine charge, et par conséquent dans des conditions très économiques.

Ces avantages seront d'autant plus grands que le groupement portera sur un plus grand nombre de machines opératrices, ce qui assure la plus grande régularité de charge. Il doit donc y avoir tendance, pour l'industriel, à l'installation d'une centrale productrice de force motrice. Si la puissance consommée n'est pas assez régulière, il pourra avoir intérêt à se grouper avec des voisins pour produire en commun l'énergie qui leur est nécessaire, ou renoncer à produire sa force motrice et l'emprunter à un réseau. Ce sera souvent le cas des petits et moyens ateliers à consommation de puissance peu régulière ; pour les usines consommant d'une façon assez uniforme des puissances supérieures à 800 ou 1000 chevaux, l'industriel a le plus souvent avantage à produire lui-même son énergie. Réserves doivent être cependant faites en ce qui concerne certaines énergies de houille blanche, particulièrement économiques.

Cette concentration de la production de la force motrice est surtout avantageuse pour les générateurs de vapeur. Le rendement des batteries de chaudières croît avec leur capacité de production, non seulement à cause de cet accroissement de puissance, mais encore parce qu'il est plus facile d'organiser le service des chaufferies, en ayant au besoin recours pour les grosses unités aux services automatiques.

Cette concentration permet de diminuer le personnel mécanicien et chauffeur, tout en assurant une meilleure surveillance, un meilleur fonctionnement et un meilleur entretien. Enfin il est possible d'organiser un ou plusieurs groupes de secours pouvant servir, soit au moment des à-coups exceptionnels, soit pour réparer les groupes en service habituel sans avoir besoin d'arrêter les ateliers.

En dehors de la transmission électrique, cette centralisation peut se faire, lorsque les ateliers ne sont pas très disséminés, au moyen d'une batterie de chaudières alimentant par une canalisation de vapeur des machines motrices, qui conduiront par transmission mécanique les machines opératrices d'un ou de plusieurs ateliers contigus. Pour une usine étendue, on pourra constituer plusieurs groupes organisés chacun comme il vient d'être dit.

On pourra aussi organiser une centrale électrique desservant les ateliers. C'est cette solution qui, au point de vue de la surveillance, de la constitution des groupes de secours, donne évidemment le plus de commodité. Si l'on veut utiliser de grosses unités à gaz pauvre, ce sera la solution la plus indiquée.

Résumant ce qui précède, on voit qu'on peut admettre que la transmission mécanique ne pouvant s'exercer que dans un certain rayon autour du moteur qui la mène et qui constitue un centre d'énergie, il peut y avoir grand intérêt à alimenter ces centres par une usine unique, soit, s'il est possible, par une distribution de vapeur, soit par une distribution électrique.

La discussion de la solution à adopter est simple, car elle repose sur des éléments faciles à déterminer (puissance et rendement des moteurs de chaque centre, rendement de l'usine centrale et de la transmission).

Certaines conditions particulières peuvent influer aussi sur ce choix : par exemple, si des ateliers traitent des matières inflammables, il peut y avoir intérêt à employer la transmission électrique pour en éloigner les chaudières; si l'on a de nombreux transports à faire entre des ateliers éloignés nécessitant l'emploi de voies ferrées à traction mécanique, il pourra être économique d'équiper celles-ci électriquement et d'avoir alors dans ce cas une Centrale générale électrique.

Nous allons aborder maintenant le cas le plus intéressant de la discussion, celui de ce que nous appellerons un *atelier*, c'est-à-dire d'un ensemble qui peut être desservi, dans les conditions normalement admises d'économie, par une transmission mécanique à partir d'un moteur. Nous supposerons, pour plus de généralité, que ce moteur est un moteur à vapeur, à gaz ou hydraulique ; nos conclusions seraient les mêmes évidemment si l'énergie était amenée en ce point sous la forme électrique, puisque nous aurions dû la produire antérieurement par la combinaison électrogène moteur-génératrice que nous supposons ici faite sur place, la diminution de rendement dûe à la perte en ligne étant compensée par le fait qu'à la Centrale, où l'on opère sur des puissances plus grandes, le rendement de la transformation énergie mécanique-énergie électrique sera plus considérable.

La commande électrique s'adapte plus ou moins bien, suivant la nature des travaux à accomplir. Aussi examinerons-nous avec assez de détails certains cas particuliers pour mener jusqu'au bout la discussion : néanmoins, nous pouvons donner d'abord quelques éléments généraux qui situent bien le problème.

Considérations générales. — L'organisation d'un atelier à transmission mécanique est caractérisée par l'emploi de lignes d'arbres parallèles se transmettant l'énergie de l'un à l'autre, au moyen de courroies et de poulies. Pour diminuer autant que possible les pertes dues à la transmission, et, pour toutes les autres raisons de construction, il faut réduire autant qu'on le peut le nombre des arbres intermédiaires, et aussi leur longueur. Il en résulte que dans les ateliers à transmission mécanique, les machines opératrices sont serrées les unes contre les autres, et, que leur orientation est déterminée non pas pour la facilité de leur service, mais par celle adoptée pour toute la transmission.

L'impossibilité d'allonger trop les arbres conduit, dans la plupart des cas, à multiplier les arbres intermédiaires, ce qui diminue le rendement. L'usure, le mauvais réglage de la tension des courroies, les déformations des transmissions, augmentent les pertes, et, il n'est pas rare de rencontrer des ateliers où le rendement mécanique des transmissions descend à 50 %. Si l'on tient compte, comme nous l'avons exposé, du coefficient d'activité, en supposant celui-ci égal à 1/2, le

rendement vrai dans ce cas tomberait à 0,33 %, résultat véritable-
ment désastreux.

*L'emploi des transmissions mécaniques limite donc, assez rapidement,
les avantages qu'on peut trouver à grouper un assez grand nombre de
machines, pour les alimenter avec un seul moteur.*

Ces inconvénients sont d'autant plus grands, que les machines à
commander diffèrent davantage comme puissance.

Nous venons de dire que l'emplacement et la disposition des machines opératrices sont entièrement commandés par la disposition des
transmissions, ce qui rend leur service peu commode, surtout pour la
manipulation des pièces à travailler.

Chaque machine est commandée elle-même par poulies et par
courroies avec, généralement, embrayage par poulie folle pour permettre la mise en marche ou l'arrêt, individuel, de la machine. Il se
produit souvent des chutes de courroies ; il faut, pour remettre celles-
ci en place, ou arrêter la portion de l'arbre qui commande la machine
envisagée, ce qui immobilise toutes celles reliées à cette transmission,
ou remettre la courroie l'arbre tournant, ce qui présente toujours des
dangers malgré les dispositifs de sécurité, très perfectionnés, qu'on
emploie actuellement pour cet usage.

L'emploi de nombreuses poulies et courroies est excessivement
dangereux pour le personnel qui circule forcément autour des
machines. Il faut multiplier les dispositifs de sécurité, canaliser la
circulation, ce qui cause une grande gêne dans le service des ateliers.

Si les transmissions sont aériennes, il est impossible d'amener
les pièces à ouvrer au-dessus des machines, et, les opérations de montage de celles-ci deviennent excessivement pénibles et augmentent
de beaucoup les frais de manutention.

L'arrêt d'une machine se répercute immédiatement sur la vitesse
des autres, et, cela peut avoir de gros inconvénients dans les industries
où la condition de travailler à vitesse constante s'impose.

Inversement, le réglage de vitesse des machines opératrices, lorsque
celles-ci doivent travailler à vitesse variable, est très difficile. On ne
peut le faire que par l'emploi de poulies étagées conjuguées, sur l'arbre
de transmission, et sur l'arbre principal de la machine; ou, en munissant celle-ci de changements de vitesse par engrenages commandés

par son arbre principal. Quelle que soit la solution adoptée, la vitesse de l'arbre de transmission étant constante, celle de la machine ne pourra varier que par sauts, et dans des limites étroites, ce qui sera souvent gênant.

Le démarrage est souvent pénible, et, ne peut se faire que grâce au glissement de la courroie sur les poulies, ce qui produit son allongement, et amène par la suite une diminution de rendement de la transmission.

L'entretien des transmissions mécaniques est difficile et coûteux, surtout lorsqu'on emploie le système des arbres sous plancher qui a, par contre, le grand avantage de diminuer de beaucoup les chances d'accident, en même temps qu'il facilite le service des machines, toutes les transmissions se trouvant hors de portée du personnel, et, l'espace autour et au-dessus des machines se trouvant bien dégagé.

Enfin, les transmissions exercent de grands efforts sur les murs, les piliers ou colonnes des ateliers auxquels elles sont fixées. Ces efforts sont d'autant plus dangereux qu'ils sont accompagnés de vibrations. Il en résulte de grosses difficultés de construction, surtout lorsque par suite du peu de superficie, l'on est obligé de prévoir des ateliers à plusieurs étages.

Enfin la transmission mécanique oblige à avoir le moteur dans l'atelier même, ce qui peut être dangereux, ou, dans certaines industries, incommode par suite des poussières qui peuvent en provenir. Remarquons d'ailleurs que, d'une façon générale, la transmission mécanique, avec ses nombreux paliers abondamment graissés, le remuement des poussières par ses poulies et ses courroies, n'est pas favorable à la propreté des ateliers.

La transmission mécanique se prête peu aux extensions des services, car on ne peut guère le faire qu'en encombrant encore davantage les ateliers, puisque les nouvelles machines devront être placées au voisinage des anciennes.

Avec la transmission mécanique, la place des machines-outils est fixée invariablement, ce qui s'oppose aux remaniements que l'expérience montrerait nécessaires. Dans certains cas, il peut être aussi plus simple de déplacer la machine que la pièce à travailler, c'est là, souvent, une question de poids relatif de l'une par rapport à l'autre.

Le propre de la transmission électrique, est de faciliter la dissémination de l'énergie dans tout l'atelier, par l'emploi de moteurs de toutes puissances, placés là où il est utile. Ces moteurs pourront commander soit chacun une machine distincte, soit un groupe de machines par l'intermédiaire d'une transmission mécanique. Une discussion sommaire permettra, dans chaque cas, de voir jusqu'à quel point on pourra pousser la division de la force motrice ; un des éléments principaux qui interviendra sera la question du rendement. Une des propriétés des moteurs électriques est d'avoir un bon rendement, même pour des puissances assez faibles : 75 à 80 % pour ceux de 2 à 5 chevaux, 81 à 88 % pour ceux de 6 à 15 chevaux. Mais, comme on le verra dans bien des cas, les conditions de travail de la machine opératrice ne permettent pas de la faire attaquer directement par le moteur électrique, et, il est nécessaire d'interposer entre eux une transmission qui diminue le rendement, tout en conservant d'ailleurs toutes les qualités de la commande individuelle. On peut admettre qu'au point de vue rendement, il y a intérêt à ne pas employer la commande individuelle, pour des machines absorbant moins de 2 à 3 chevaux. Lorsqu'on aura affaire à des machines de cette espèce, on les groupera de manière à avoir un ensemble consommant de 2 à 10 chevaux, qu'on commandera par un moteur unique, actionnant une transmission mécanique.

Ce groupement se réalisera avantageusement en réunissant des machines ayant un même genre de travail, opérant à peu près simultanément (ce qui sera commode dans le cas des fabrications en série), de manière à avoir un grand coefficient d'activité, et, assurer un bon rendement total. Comme on n'aura ainsi qu'un petit nombre de machines groupées, on n'aura que peu à souffrir des inconvénients de la transmission mécanique, et nous pouvons considérer, au point de vue général qui nous occupe ici, cet ensemble comme formant une machine unique à commande individuelle. C'est donc, avec cette restriction, que nous allons comparer la commande par transmission mécanique avec la commande électrique individuelle.

Le premier point qui nous frappe dans la commande électrique, c'est que le rayon d'action d'un centre d'énergie peut être à peu près aussi étendu qu'on le veut, alors que la production de force motrice peut être complètement concentrée. Le rendement n'en est que peu influencé, puisqu'il n'y a de changé que la perte en ligne, qu'on peut d'ailleurs rendre la même, dans tous les cas, par un établissement judicieux des canalisations. Il en résulte peut-être de ce côté une élévation des frais de première installation, mais elle est largement compensée par les avantages économiques, déjà signalés, de l'emploi des grosses unités.

Le rendement d'une transmission électrique est toujours très bon, il a pour expression :

Rendement de la génératrice $\times$ rendement de la ligne $\times$ rendement du moteur.

Pour des génératrices de puissance moyenne, jusqu'à 150 kilowatts, on peut tabler sur un rendement de 90 à 92 %, dans des limites assez étendues de variation de charge ; pour les grosses unités à attaque directe, on peut atteindre jusqu'à 94 %. Tablons sur 90 % pour les génératrices, 90 % pour la ligne, 75 % pour les moteurs (cas presque le plus défavorable), nous aurons comme rendement total :

$$0,9 \times 0,9 \times 0,75 = 0,60 \, ;$$

avec un rendement de 80 % pour les moteurs nous aurions un rendement de 65 %. Ces chiffres sont largement comparables à ceux des bonnes transmissions mécaniques. Il nous faut remarquer en outre, que, dans le cas présent, le rendement mécanique et le rendement vrai sont confondus, car, dans la transmission électrique, le coefficient d'activité est égal à un puisque, une fois la machine opératrice arrêtée, on n'a plus aucune dépense d'énergie à faire.

On peut donc dire, que, la transmission électrique a un rendement qui est, dans la majorité des cas, supérieur à celui des transmissions mécaniques, et qui lui est au moins comparable dans les cas les plus défavorables.

A côté de l'économie qui résulte généralement de cette augmentation du rendement, il faut envisager les frais de premier établissement et d'entretien. Dans presque tous les cas, il faut bien dire que les premiers sont beaucoup plus considérables pour les transmissions électriques, à cause de l'achat des génératrices et des moteurs. Il faudra donc mettre en balance cet excès de frais d'amortissement et les économies provenant de l'augmentation du rendement, ainsi que des commodités que donne l'emploi de l'électricité. Cette même comparaison devra intervenir pour savoir jusqu'à quel point l'on doit pousser la division de la commande, c'est-à-dire dans le choix de la commande individuelle, ou de la commande par groupe, étude qu'on aura aussi à faire lorsqu'on achètera l'énergie électrique au dehors.

Cette discussion aura aussi une grande importance pour la transformation de la commande mécanique en commande électrique, dans des ateliers existants.

On sait combien est peu coûteux l'entretien des installations électriques bien établies et bien soignées. Machines et canalisations s'usent peu, les collecteurs et les balais demandent seuls assez de soins ; on a d'ailleurs avantage à faire surveiller les machines électriques par des spécialistes.

Ayant ainsi établi les points de comparaison directs économiques des deux genres de transmission, passons à ceux que nous avons énumérés dans l'étude des transmissions mécaniques. Nous n'envisageons, bien entendu, que le cas d'organisations neuves, celui de la transformation d'installations existantes ne se prêtant guère à une discussion un peu générale.

Avec la commande électrique, l'industriel est maître de disposer ses machines comme bon lui plaît. Les moteurs se fixent en effet au plancher, au plafond, contre les murs ou les piliers, sans qu'il soit besoin d'utiliser des types spéciaux. Le mieux est évidemment qu'ils soient fixés au bâti même de la machine qu'ils doivent mener. Les machines seront donc disposées judicieusement, de manière à rendre faciles tant leurs manœuvres propres que celles de manutention des objets à manufacturer. On les orientera de façon à pouvoir circuler aisément autour d'elles, tout en évitant les pertes inutiles de terrain qui proviennent de la forme des machines, lorsqu'on est obligé de les aligner sur les transmissions mécaniques. Leur place ne sera plus déterminée par le souci d'équilibrer à peu près la puissance sur chaque arbre, elles se suivront dans l'ordre même où devront circuler les objets au cours de leur fabrication.

L'arrêt ou la mise en marche d'une machine n'aura plus aucune influence sur la marche des autres, la distribution se faisant en dérivation. Il est facile, en effet, de maintenir la tension constante lorsqu'on a affaire à de grosses variations de charge pour les petites, comme celles qui se produisent constamment au cours de la marche des ateliers, la différence de potentiel aux bornes des génératrices n'est guère influencée.

L'espace est complètement libre autour et au-dessus des machines, ce qui facilite la mise en place des pièces à travailler et leur retrait. Les canalisations arrivent en effet le long des murs ou dans des canivaux pratiqués dans le sol.

La sécurité est complète pour le personnel, il suffit que la distribution dans les ateliers soit faite sous tension moyenne, ce qui est d'ailleurs une bonne condition pour la commande et la régulation des machines. Quant aux chances d'incendie, on sait qu'elles sont presque nulles dans une distribution bien installée avec les coupe-circuit et les disjoncteurs nécessaires placés là où il le faut.

La mise en marche des machines, le réglage de leur vitesse, se fait très facilement par la simple manœuvre d'un interrupteur ou de la manette d'un rhéostat. Les moteurs électriques démarrent aisément. Ils peuvent supporter facilement sans inconvénient, même pendant quelque temps, des surcharges assez importantes (20 % de la charge normale), propriété excessivement importante, puisqu'elle permet de prévoir ces moteurs pour la puissance couramment employée, et non pour celle maximum dont on peut avoir exceptionnellement besoin.

Le moteur étant monté sur l'opératrice elle-même, les réactions de l'ensemble sont excessivement faibles ; les bâtiments à simple rez-de-chaussée peuvent donc être construits légèrement, les murs n'ayant plus à supporter des efforts mécaniques. Il est facile d'organiser des ateliers à plusieurs étages, tous les efforts étant simplement répartis sur les planchers ; les murs n'ont besoin d'être conditionnés que comme ceux d'une bonne construction ordinaire. Il devient facile de les percer de larges baies d'éclairage et d'aérage, de sorte qu'on a des ateliers se présentant dans les meilleures conditions hygiéniques. Ces conditions sont encore améliorées par le fait que les moteurs électriques bien clos, leurs courtes transmissions, quand elles sont nécessaires, aisément placées sous carters, ne soulèvent que peu ou point de poussières.

Les machines-outils peuvent être déplacées comme l'on veut, en particulier, on peut employer des machines transportables, ce qui est précieux dans beaucoup de cas ; il suffit de prévoir des prises de courant aux endroits voulus : un bout de câble flexible pour le raccord, et la machine est prête à fonctionner.

Les remaniements des ateliers, leurs extensions, sont aisés. Les canalisations peuvent être déplacées en utilisant la plus grande partie de leur matériel, on les double facilement lorsqu'elles deviennent insuffisantes pour assurer le débit nécessaire aux machines. Le développement d'une usine n'est plus limité que par celui du terrain dont elle peut disposer.

En résumé, *la caractéristique des transmissions électriques est de procurer une souplesse énorme dans l'installation, et dans le fonctionnement des ateliers, tout en assurant plus de sécurité et en ayant un rendement économique au moins égal à celui des transmissions mécaniques bien établies.*

Signalons en outre, combien la transmission électrique se conjugue facilement avec l'éclairage électrique, si commode dans les ateliers, tant pour l'éclairage général des grands espaces, que pour celui des détails si aisément assuré au moyen de lampes portatives permettant d'examiner les parties les plus difficilement accessibles des machines, ou des pièces qu'elles travaillent.

Ces considérations générales exposées, nous allons examiner quelques cas particuliers qui permettront de se faire une idée nette sur cette question.

La commande électrique
dans les ateliers de construction mécanique.

Considérations générales.

Le grand nombre des manipulations des pièces à travailler qu'on doit faire dans les ateliers de construction mécanique, milite en faveur de l'adoption de la commande mécanique. La partie supérieure des ateliers et leur partie centrale étant complètement dégagées, on peut organiser tous les systèmes de transport mécanique que l'on veut jusqu'aux machines-outils elles-mêmes (ponts roulants, grues vélocipèdes, transbordeurs, voies ferrées). L'électricité se prête d'ailleurs admirablement à la commande de ces engins de manutention, de sorte que toutes les manœuvres peuvent se faire mécaniquement, et ne nécessitent qu'un petit nombre d'hommes, en même temps que leur rapidité s'accroit considérablement. Il en résulte de grosses économies.

La possibilité d'employer, sur tous les établis, des petits outils commandés par flexible, de manière à travailler dans toutes les positions, diminue encore les frais puisque l'ouvrier peut ainsi usiner rapidement une pièce, sans avoir besoin de se transporter d'une machine à l'autre, et de faire des montages et des démontages successifs.

Cet avantage, qui semble déjà précieux pour le travail des petites pièces, l'est encore bien plus pour les grosses. Avec l'électricité on peut, en effet, installer n'importe où des machines-outils même importantes. Lorsque les pièces ont subi leur usinage général, il faut leur faire des travaux de parachèvement, perçages, alésages, dressages de certaines de leurs parties. Avec les transmissions ordinaires, il faut transporter successivement la pièce d'une machine à l'autre, la mettre en place, la repérer ; toutes ces manipulations sont longues, pénibles et dangereuses. En outre, pour permettre de placer et de repérer la pièce d'une machine, il faut que le bâti de celle-ci ait d'assez grandes dimensions, ce qui la rend encombrante et coûteuse et ne permet pas toujours de l'employer à des travaux moins importants, d'où il résulte une immobilisation nuisible du capital machines.

Avec les machines à commande électrique individuelle, tous ces inconvénients disparaissent. La pièce à usiner est placée et fixée sur une plaque de fondation de dimension suffisante, elle est tracée aussi complètement que le permet de le faire son état d'achèvement. La plaque de fondation porte des rainures en ⊥ qui servent à fixer par des boulons, autour de la pièce à travailler, les différentes machines-outils qui exécuteront sur chaque partie le travail à faire. Ces machines seront donc à bâti simple et de dimensions moyennes, ce qui permettra de les utiliser pour un grand nombre de travaux. Comme l'on peut ainsi attaquer la pièce par plusieurs côtés à la fois, soit avec des machines exécutant des travaux du même genre, soit qu'elles en fassent de natures différentes, on voit combien l'on pourra abréger la durée de l'usinage.

Ce même principe, avec l'emploi d'outils plus ou moins puissants, suivant le cas, est d'application courante dans les ateliers de montage où l'on a souvent besoin, au moment d'assembler les pièces, de leur donner un léger ajustage final. Il est souvent même plus simple de faire certains perçages une fois les pièces assemblées.

Somme toute il est toujours précieux, dans un atelier, de pouvoir, à un moment donné, travailler une pièce sans avoir besoin de la monter sur une machine-outil. La commande électrique permet de le faire.

Sans insister davantage sur ces conditions d'ordre général qu'on pourrait multiplier, nous allons examiner comment le moteur électrique se prête à la commande individuelle des machines-outils.

Appropriation des moteurs électriques à la commande des machines-ontils.

Conditions de fonctionnement des machines-outils. — Rappelons sommairement quelles sont les conditions de fonctionnement des machines-outils.

Pour qu'une machine fonctionne dans des conditions économiques, il faut que la vitesse relative de l'outil et de la pièce à travailler ait une valeur bien déterminée, qui est la vitesse de coupe théorique. S'il en était ainsi, l'effort exercé par l'outil aurait toujours la même valeur, et, comme il se ferait à la même vitesse, la machine-outil travaillerait en absorbant toujours la même puissance. En pratique il n'en est pas exactement ainsi, car la vitesse de coupe diffère de la vitesse théorique. Le *coefficient de vitesse* est le rapport de cette vitesse pratique à la vitesse théorique.

Cette différence sera d'autant plus grande et, par suite, la machine fonctionnera d'autant moins économiquement, qu'on pourra plus difficilement régler sa vitesse.

La vitesse de coupe dépend de la nature du métal à travailler, et de celle du métal de l'outil. L'emploi des nouveaux aciers a permis de l'augmenter dans de grandes proportions, ce qui facilite beaucoup l'emploi des moteurs électriques à grande vitesse, pour la commande des machines-outils.

L'ouvrier devra donc tâtonner pour arriver à avoir une bonne vitesse de coupe, il arrivera à un résultat d'autant meilleur, qu'il disposera d'une plus grande gamme dans la variation des vitesses de sa machine. Remarquons en outre, que cette vitesse est celle de l'outil par rapport à la pièce, dans les machines à travail rotatif, comme les tours, par exemple ; c'est donc de la vitesse tangentielle qu'il s'agit, et, à vitesse constante de rotation de l'arbre, cette vitesse tangentielle varie au fur et à mesure de l'usinage, et la variation pourra être assez grande lorsqu'il y aura beaucoup de matière à enlever. En tous cas, la vitesse à donner à l'arbre variera avec les dimensions de la pièce à travailler. Avec les transmissions mécaniques, l'ouvrier ne dispose, et dans des conditions difficultueuses encore, que de très faibles variations de vitesses qui ne peuvent se faire que par sauts, ce qui ne permet pas un réglage aussi précis qu'il serait utile. La commande électrique permet de faire ce réglage ; en réalité cette possibilité ne doit être considérée que comme théorique dans beaucoup de cas, car, pour avoir des réglages précis, il faut compliquer un peu l'appareillage. Mais, si l'on ne peut admettre que, d'une façon générale, on puisse faire varier à volonté la vitesse d'une machine, ce qu'il faut retenir, c'est que la commande individuelle permet d'avoir, pour chaque opératrice, une vitesse indépendante de celle des autres ; et se rapprochant par conséquent davantage de la meilleure utilisation.

Il est nécessaire, pour adapter la commande électrique à une machine-outil, de savoir dans laquelle des trois catégories ci-dessous elle se range. Les vitesses dont on parle sont les vitesses de l'arbre principal de la machine opératrice ou, ce qui revient au même, les vitesses de rotation du moteur qui la mène.

La première catégorie comprend les machines qui fonctionnent à puissance sensiblement constante, mais à des vitesses variables dans de larges limites ; c'est le cas des tours, des alésoirs, des foreuses..., pour lesquels, comme l'on vient de le dire, la vitesse tangentielle devant être constante, l'on doit avoir une vitesse de rotation variable avec la dimension de la pièce à usiner. Toutefois, pendant chaque passe, la vitesse doit rester uniforme.

La seconde catégorie comprend les machines à vitesse sensiblement constante, mais où le couple moteur subit de grandes variations, soit par la nature du travail même, soit qu'on doive faire de fréquents démarrages ; parmi elles sont les poinçonneuses, les cisailles, les machines à cintrer...

La troisième catégorie comprend les machines dans lesquelles le mouvement est alternatif, et où les pièces qui changent de sens de marche ont une certaine inertie, tel est le cas des raboteuses, des mortaiseuses.

Propriétés des moteurs électriques au point de vue de la conduite des machines-outils. — D'après ce qui vient d'être dit, un des points caractéristiques à envisager pour le choix des moteurs est la manière dont ils se comportent au point de vue des variations de vitesse. Les moteurs couramment construits le sont pour fonctionner à vitesse constante, cette vitesse étant susceptible néanmoins d'être réglée dans des limites assez étendues. Lorsque ces variations sont considérables, il faut avoir recours à des moteurs construits spécialement.

Moteurs de types courants à vitesse constante.

A) Moteurs à courant continu. — *Moteur série.* — Le moteur série a, comme on le sait, un grand couple au démarrage, mais il a l'inconvénient de s'emballer à vide. Il exige donc une surveillance constante, ce qui le fait exclure de la conduite des machines-outils qui, une fois réglées et mises en marche, sont abandonnées à elles-mêmes, le conducteur assurant souvent le service de plusieurs machines.

Moteur shunt. — Le couple au démarrage est plus faible, quelquefois on pourra être obligé de mettre en marche à vide ; la vitesse varie peu : 4 à 5 % entre la marche à vide et la marche en charge. Ce moteur convient très bien pour la conduite individuelle des machines-outils. On peut, par la variation du courant d'excitation, au moyen d'un rhéostat de champ, modifier sa vitesse de régime dans une marge de 15 %, tout en ayant un bon rendement ; cette limite suffit pour les machines de première catégorie, ou pour leur commande par groupes.

Moteur compound. — Le moteur compound additionnel, qui donne un fort couple au démarrage comme le moteur série mais sans risquer de s'emballer à vide, convient pour les machines de deuxième et troisième catégories.

Le moteur compound différentiel ou à vitesse constante, n'est pas employé pour les machines-outils, car on n'a pas besoin d'une telle précision et, par suite, il est inutile de compliquer la machine.

B) Moteurs à courant alternatif. — On n'emploie dans les ateliers que les moteurs asynchrones triphasés, qui se mettent en marche avec facilité.

Moteur en cage d'écureuil. — Le couple de démarrage est faible, la variation de vitesse due au glissement varie de 5 à 7 % entre la marche à vide et la marche en charge. Son grand inconvénient est que le courant de démarrage atteint une intensité égale à 3 ou 4 fois celle en charge. Aussi, beaucoup de secteurs proscrivent-ils son emploi lorsque sa puissance dépasse 1,5 cheval. On diminue cette intensité en couplant le stator en étoile au démarrage, et en triangle en marche normale : les réseaux admettent alors des puissances de 2,5 chevaux. Lorsqu'on produit son énergie et que, par suite, l'on est moins strict sur les perturbations produites, on peut aller jusqu'à 5 chevaux.

Ce moteur n'est pas susceptible de variation de vitesse. Pour toutes les applications où l'on peut démarrer à vide, ou sous faible charge, il est précieux à cause de sa simplicité de construction, et de la facilité de sa conduite, sa mise en marche se faisant par la simple fermeture de l'interrupteur d'alimentation.

Moteur à rotor bobiné. — Le couple au démarrage est élevé, la vitesse ne varie que de 3 à 5 %. On peut régler celle-ci, par l'insertion de résistances, jusqu'à 10 % au-dessous de sa valeur normale. Pour la commande par groupes, on munira le moteur d'un dispositif de mise en court-circuit des bagues, avec relèvement des frotteurs pour éviter l'usure de ces derniers, le moteur tournant continuellement dans ce cas.

Moteurs à grande variation de vitesse. — On a vu, dans les fascicules 32 et 33 relatifs aux moteurs, les procédés particuliers employés pour obtenir des vitesses très différentes de leur vitesse normale. Nous les énumérerons simplement ici, renvoyant à ces fascicules pour les détails.

Moteurs à courant continu. — A) Insertion de résistances dans l'induit, ce qui laisse le couple moteur constant, mais provoque une grosse diminution du rendement, par suite de la grande perte Joule dans le rhéostat.

B) Variation du champ inducteur. La variation de vitesse est limitée par la production d'étincelles au collecteur. L'emploi des pôles supplémentaires de commutation permet de faire varier la vitesse, dans le rapport de 1 à 4, sans pertes très sensibles dans le rendement.

C) Variation de la tension d'alimentation, qui peut se réaliser de façons multiples : emploi de distribution à plusieurs fils, survolteurs, dévolteurs.

D) Emploi de machines à plusieurs collecteurs, dont on varie les couplages sur le réseau ; système Léonard. Ces procédés ne conviennent qu'à des cas tout à fait spéciaux, et sont rarement employés pour les machines-outils.

Moteurs à courants alternatifs. — On sait que le moteur triphasé se prête difficilement aux grandes variations de vitesse, et, que les systèmes employés dans ce but sont assez compliqués (variation du nombre de pôles, emploi de moteurs alimentés en cascade). Dans tous les cas, la variation de vitesse ne se fait pas d'une façon graduelle, et, lorsqu'on a besoin de vitesses très variables, il est préférable de se servir de moteurs à courant continu.

Toutefois, l'emploi des moteurs alternatifs à collecteur, qui se généralise de plus en plus, et avec lesquels on peut avoir des vitesses très variables, permet d'utiliser directement le courant alternatif, et de mettre à profit ses avantages dans les distributions de grande étendue.

Tension de distribution à adopter. — Lorsqu'on a une distribution simple, on utilise avec avantage les tensions de 220 à 250 volts qui se prêtent également bien à l'éclairage, ce qui facilite les installations. Pour les grosses usines, la distribution à 500 volts à 3 ou 5 fils est très pratique, car on branche les petits moteurs sur les ponts et les gros entre les fils extrêmes. Une tension supérieure ne serait guère pratique, à cause de la difficulté qu'on aurait à assurer une bonne isolation, en raison des nombreux branchements qu'on a à faire, et aussi en partie par suite de l'emploi assez répandu des prises de courant pour appareils mobiles.

Quand on utilise le courant alternatif, on a beaucoup plus de marge dans le choix de la tension, l'emploi des transformateurs statiques permettant de la ramener, dans les ateliers, à la valeur que l'on veut. On pourra avoir, dans une installation complète, des génératrices à haute tension, et, dans chaque atelier, ramener celle-ci à la valeur la plus convenable pour le genre de travail à exécuter en tenant compte, bien entendu, des conditions de sécurité pour le personnel.

Puissance des moteurs. — La détermination de la puissance à adopter pour le moteur devant conduire une machine dépend, en grande partie, de la nature du travail à effectuer. La plupart du temps, les travaux sont variés et, pour ne pas laisser chômer inutilement les machines ou, ce qui revient au même, pour diminuer le capital machines engagé, l'on usinera souvent des pièces avec des machines prévues pour de beaucoup plus grosses. En outre, la marche des machines-outils est toujours intermittente, et la puissance moyenne dépensée est notablement inférieure à la puissance effective mise en jeu. Cette marche intermittente, permet de mettre à profit la propriété des moteurs électriques de pouvoir fonctionner dans de bonnes conditions, sous des charges très variables, allant de la demi-charge jusqu'à une surcharge de 25 % pour les moteurs à courant continu.

Généralement, pour les machines à vitesse normale, l'on peut prendre pour la puissance du moteur 0,7 à 0,8 de la puissance maximum nécessaire pour la machine, en moyenne les 3/4 de celle-ci.

Pour les machines à vitesse très variable, il sera prudent de prendre des moteurs ayant une puissance nominale égale à la puissance maximum demandée par la machine-outil.

Pour les moteurs à courants alternatifs, la question est un peu plus délicate ; on ne peut, en effet, admettre des variations de charge aussi grandes, car il en résulterait des fluctuations trop considérables du cos φ de l'installation et, par suite, un mauvais rendement.

Une autre considération intervient encore, c'est celle d'avoir le plus petit nombre possible de types de moteurs dans l'usine, on facilite ainsi beaucoup les réparations et l'entretien, le nombre des rechanges se trouvant réduit au minimum.

Le tableau suivant, emprunté aux notes et formules de l'ingénieur [1], indique les puissances nécessaires pour la conduite de quelques machines :

Puissances des moteurs nécessaires
pour conduire quelques machines à travailler le fer

NATURE DE LA MACHINE	Caractéristiques de la machine	Puissance utile du moteur
	Hauteur des pointes en ⁰/₀₀	Chevaux
Tours ordinaires sans engrenages	—	1
— —	275-300	2

[1] *Notes et formules de l'Ingénieur.* — Librairie des Sciences et de l'Industrie.

Puissances des moteurs nécessaires

pour conduire quelques machines à travailler le fer (Suite).

NATURE DE LA MACHINE	Caractéristiques de la machine	Puissance utile du moteur
	Hauteur des pointes en $^m/_m$	Chevaux
— —	325-375	2,5
— —	450-525	3,5
— —	600-675	5
— —	705	6
— —	900	7,5
— —	1050	10
Tours à grand débit	300-375	15
—	450-600	20
—	675-900	25
Tours verticaux	925	4
—	1500	6
—	3600-4800	15
—	4800-7500	18 à 20
	Puissance	
Machines à percer verticales	300-500	1
— —	500-600	1,5
— —	600-750	2,5 à 3
— —	750-1000	3,5 à 4
— radiales	900-1100	1,5
— —	1200-1500	2,0
— —	1800-2400	3,0 à 5,0
Raboteuses à un outil	500-500-800	3,5
— —	750-750-2400	5,0
— —	1050-1050-3000	7,5
	Course en $^m/_m$	
Étaux-limeurs verticaux	400	2
—	600	3
—	750	5
Fraiseuses	600	7,5
—	900	10,0
—	1050	15,0
Mortaiseuses à manivelle	300	5
—	450	7 à 8
— —	600 à 750	10

D'après les expériences de MM. Huillier et Frémont, on peut admettre que pour enlever 1 kilogramme de copeaux dans l'acier mi-

doux (résistance à la traction 55 kilogrammes par millimètre carré),
il faut dépenser environ :

20 à 25.000 kilogrammètres pour les tours.
30 à 40.000 kilogrammètres pour les raboteuses, mortaiseuses, étaux-limeurs
(mouvement alternatif).
40 à 60.000 kilogrammètres pour les fraiseuses.

Il faut ajouter à cela la puissance absorbée par la marche même de
l'outil, qui est de 15 à 20 % de la puissance totale consommée. En
moyenne on peut, en première approximation, compter sur 10 kilogrammes de copeaux par kilowatt-heure.

Réalisation de la commande. — Quand il s'agit de commande
par groupe, l'installation de la commande électrique ne diffère pas de
celle par moteur à vapeur ou hydraulique ; le moteur électrique est
fixé sur un bâti, et attaque par courroie l'arbre principal de la transmission. Elle présente néanmoins souvent une plus grande facilité
par le fait que le moteur électrique, pour les faibles puissances,
peut aussi bien se fixer contre un mur, ou contre une colonne,
ou encore au plafond que sur le sol. Il en résulte qu'on peut ainsi
mieux utiliser la place.

Pour la commande individuelle, le moteur est fixé sur le bâti même
de la machine au moyen d'oreilles venues de fonte. La plupart des
grands constructeurs de machines-outils en fabriquent spécialement,
de mues électriquement. Le moteur est ainsi bien approprié à la
machine, il est bien installé sur elle, la transmission est parfaitement
assurée et les organes de commande sont groupés sur la machine. On
a ainsi un ensemble parfaitement homogène, complètement indé-
pendant, et assurant tous les avantages qu'on peut retirer de la commande individuelle.

Le moteur doit être placé de manière à être bien accessible pour
l'entretien et la visite, et protégé contre les projections d'eau et
d'huile, ainsi que contre les copeaux. On emploiera pour cela des
moteurs protégés, c'est-à-dire dont les orifices des joues sont garnis
de treillages métalliques. L'emploi des moteurs cuirassés doit être
tout à fait exceptionnel. La difficulté de leur refroidissement oblige
à les faire travailler très au-dessous de leur puissance nominale, ce
qui diminue de beaucoup leur rendement.

On est conduit le plus souvent, lorsque les machines-outils sont de faible poids, à placer le moteur près de la base pour que les trépidations, qu'entraînent toujours sa marche, ne nuisent pas à l'exécution du travail. Pour les machines lourdes, au contraire, on place souvent le moteur à la partie haute, où il est plus facile à protéger.

Les moteurs de petite puissance tournent toujours à une très grande vitesse : 1.000 à 1.800 tours par minute, et il est nécessaire d'intercaler un réducteur de vitesse, entre l'arbre du moteur et celui de la machine qu'il conduit.

Le dispositif le plus simple consiste dans la transmission par courroie, en employant, s'il y a lieu, des enrouleurs lorsque le rapport des diamètres des poulies est très grand, et nécessiterait, pour avoir l'adhérence nécessaire, une très forte tension. On évite autant que possible l'emploi d'une double transmission. Pour assurer la tension continuelle de la courroie, le moteur est fixé au bâti de la machine, d'une part, par l'intermédiaire d'une charnière, et de l'autre, par un ressort comme le représente schématiquement la figure 1.

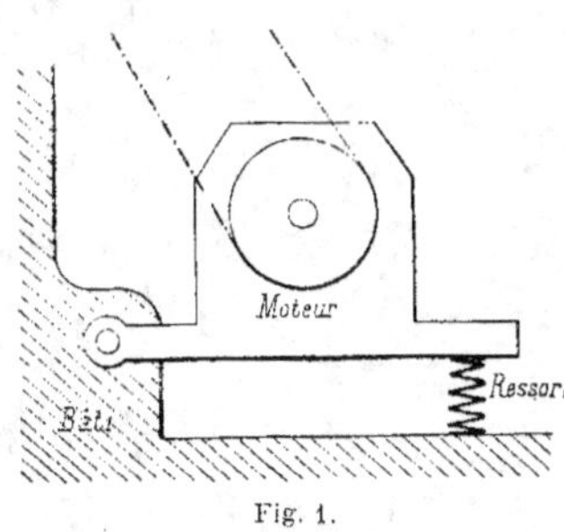

Fig. 1.

La transmission par courroie a l'avantage d'éviter que le moteur ne ressente trop les à-coups de la marche, ceux-ci étant absorbés en partie par le glissement de la courroie sur les poulies. Elle a l'inconvénient d'être un peu encombrante, car il faut toujours une distance relativement assez grande entre les deux arbres (fig. 2).

La commande par engrenage à réduction simple, lorsque le rapport des vitesses ne dépasse pas 5 à 8, double dans le cas contraire, permet de rapprocher autant que possible le moteur de la machine. Le pignon est en cuir vert pour assurer le silence. Les engrenages doivent être protégés par un carter, pour éviter que les copeaux ou autres corps étrangers ne viennent tomber entre les dents, et bloquer la transmission. Le moteur devra être recouvert par une tôle, pour le protéger contre l'huile pouvant tomber des engrenages.

La commande par chaîne Morse ou chaîne silencieuse procure des

avantages tenant à la fois de ceux de la courroie, et des engrenages.
L'engrènement, se faisant par les maillons eux-mêmes, est toujours
assuré, même lorsque la chaîne s'allonge un peu. La conduite est très
douce, même aux grandes vitesses.

La chaîne silencieuse doit toujours être bien graissée, et protégée
par un carter contre les poussières.

Fig. 2. — Commande électrique par courroie d'un tour horizontal.
(Ateliers de Jeumont).

La transmission *Evans* (fig. 3) donne de bons résultats pour les
petites puissances. La poulie du moteur porte une ou plusieurs courroies ayant un jeu de quelques millimètres sur elle. Elle agit par contact
direct sur la poulie de la machine, le cuir laminé entre les deux poulies
leur donnant une très grande adhérence.

Pour les très grandes réductions (jusqu'à 1/50), on emploie la transmission par vis sans fin ; on utilise aussi celle-ci lorsqu'on veut que

la commande soit irréversible (mais dans ce cas-là le rendement est forcément inférieur à 50 %).

La commande des machines à mouvement alternatif est un peu

Fig. 3. — Commande Evans d'une poinçonneuse-cisaille
(Ateliers de Jeumont).

plus complexe, car on ne peut, sans inconvénients, renverser constam·ment le sens de rotation des moteurs. Aussi d'habitude ces machines, comme les raboteuses, possèdent deux courroies que le moteur fait tourner en sens inverse l'une de l'autre (fig. 4). En fin de course, le mouvement de la table provoque le passage de la courroie voulue sur la poulie qui assure ce mouvement.

Pour les grosses machines, la difficulté se trouve accrue par suite de l'inertie de la table, qui rend difficile le renversement de la marche.

Dans le système Mitchell, deux lourds volants tournent constamment en sens inverse l'un de l'autre. Ils entraînent successivement la table au moyen de larges courroies posées lâches sur eux et qui sont pressées, au moment voulu, par des galopins commandés auto-

Fig. 4. — Machine à raboter à commande électrique. (Ateliers de Jeumont).

matiquement par des contacts électriques et des électro-aimants. L'énergie emmagasinée dans le volant amortit les effets de l'inertie de la table.

Le renversement de marche peut aussi se faire par le système d'embrayage électromagnétique *Billeter* et *Kluntz*. Le moteur électrique fait constamment tourner les deux poulies, calées sur un même arbre, qui commandent les mouvements d'aller et retour. Ces poulies sont venues de fonte avec les plateaux fixes d'un double embrayage à friction, dont les plateaux mobiles sont commandés par un levier oscillant, relié à un noyau de fer doux pouvant être attiré alternativement par deux électro-aimants. Le courant est envoyé à chaque fin de course dans la bobine voulue.

Avec ces systèmes, les courroies restant fixes peuvent avoir une largeur suffisante pour éviter leur usure. Le changement de marche se fait avec précision et rapidité, la course de dégagement est plus faible, ce qui est commode pour le dressage des surfaces courtes. De plus, on peut adopter un système de poulies étagées, ou un embrayage par engrenages, permettant d'avoir des vitesses différentes.

Liaison du moteur aux arbres de commande. — Toutes les fois qu'on n'attaque pas par courroie, il est nécessaire que l'arbre du moteur soit relié aux organes de transmission par un accouplement élastique, ou demi-élastique, qui amortit les à-coups, et permet au rotor de bien s'équilibrer dans le champ magnétique du stator.

Machines-outils portatives. — Nous avons signalé l'avantage qu'il pouvait y avoir, pour le travail des grosses pièces, à employer des machines pouvant se déplacer ; ces machines peuvent être des machines-outils ordinaires, qu'on transporte par ponts roulants jusqu'à la pièce, et dont on boulonne le bâti sur une plaque de fondation sur laquelle la pièce à travailler est fixée et repérée (fig. 5). Cette disposition, qui n'est possible qu'avec la commande électrique individuelle, ne constitue pas à proprement parler une machine portative, mais une machine déplaçable. Pour les perceuses et taraudeuses, l'on construit au contraire de véritables machines portatives.

Ces perceuses peuvent être prévues pour le travail à main ; le moteur est alors monté sur la machine elle-même, et le tout forme un ensemble, avec poignées et plaque de poitrine, pour la maintenir sur la pièce à travailler ; une prise de courant mobile et un interrupteur placé sur une des poignées complètent l'appareil.

Une solution présentant un caractère plus général, consiste à séparer le moteur et l'outil. Celui-ci est fixé sur la pièce par les moyens ordinaires (Z ou C avec volant de serrage) ; le moteur est monté sur un petit chariot permettant de le transporter en un point quelconque de l'atelier. La commande se fait par un arbre flexible. Au lieu d'une mèche à percer, on peut actionner ainsi un alésoir, une fraise, une meule, etc., et par conséquent faire, à peu près, tous les travaux de finissage.

On a pu arriver à rendre certains outils très transportables, en unissant la commande électrique à la commande hydraulique, ou pneumatique.

Fig. 5. — Machine à mortaiser, transportable à commande électrique.
(Ateliers de Jeumont).

On sait quels services rendent, à l'industrie métallurgique, les marteaux pneumatiques, notamment pour l'ébarbage des pièces fondues. Leur emploi se trouve souvent limité par la difficulté d'installer les canalisations d'air comprimé nécessaires à leur alimentation, d'autre part il est peu aisé d'établir des appareils à percussion, à marche aussi rapide, commandés directement par l'électricité. L'emploi d'un petit groupe moteur-électrique-compresseur d'air, facilement transportable sur un chariot, et pouvant alimenter plusieurs marteaux, donne une solution très économique du problème ; la canalisation électrique pouvant s'établir aisément partout, et l'étant déjà de fait, si l'usine est outillée électriquement. On n'a pas l'encombrement des compresseurs pour une distribution générale, plus de fuites dans les canalisations et, en même temps, un meilleur rendement comme pour toutes les commandes individuelles.

C'est sur un principe analogue, qu'est fondé l'emploi des riveuses hydro-électriques. Ici, le travail doit se faire lentement, la pression sur le rivet doit être considérable, et, doit croître au fur et à mesure que la tête se forme ; le métal opposant plus de résistance à la déformation, puisqu'il se refroidit. L'emploi des riveuses hydrauliques est très commode à poste fixe, il devient compliqué lorsque le rivetage doit se faire en un point quelconque, car il est difficile d'établir les canalisations d'eau sous pression, surtout si l'on doit se déplacer beaucoup.

Les riveuses hydro-électriques jouissent de la propriété de toutes les machines électriques, de pouvoir être utilisées aisément en un point quelconque ; elles permettent en outre d'exercer une pression variable, ce que ne permet pas la riveuse hydraulique ordinaire.

Le principe de ces appareils est le suivant (fig. 6) : une dynamo entraîne, par un train d'engrenage comportant un équipage conique, la vis V qui descend ainsi dans le cylindre C, en formant piston plongeur ; ce cylindre est relié par un tuyau au piston porte-bouterolle P, qu'on peut amener au contact de la tige du rivet, au moyen de la manœuvre à main par vis sans fin M. Le moteur est mis en marche au moyen d'un rhéostat, dont on fait varier la résistance pour régler la vitesse d'écrasement du rivet, et qui permet de faire tourner le moteur en sens inverse, une fois le rivet fait, pour écarter la bouterolle.

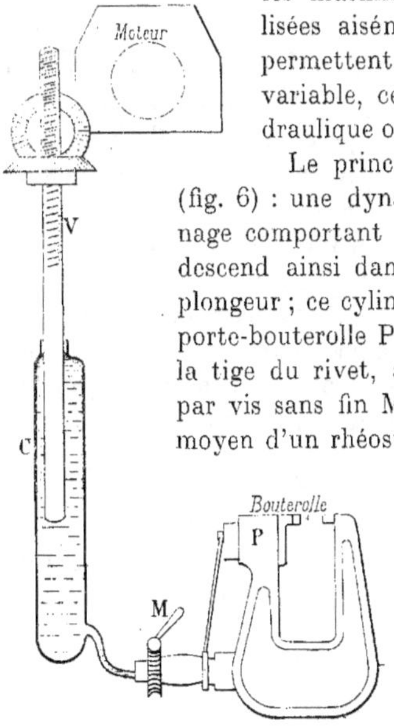

Un dispositif automatique de sûreté, commandé par un taquet entraîné par la vis, ramène le rhéostat au zéro et arrête le moteur, lorsque la vis est arrivée à fond de course, dans un sens ou dans l'autre.

Fig. 6.

C'est le même liquide (eau additionnée de glycérine) qui ressert toujours pour les opérations successives.

La commande électrique dans les usines textiles

La caractéristique des machines de l'industrie textile, est de demander une constance aussi grande que possible de la vitesse, et une commande très douce, à cause de la résistance faible de la matière à traiter. Cependant, il est nécessaire de pouvoir faire varier cette vitesse, de manière à augmenter le rendement ; par exemple, pour faire une bobine, on marche à 750 tours-minute pour la formation du noyau, puis l'on passe à 1.000 tours-minutes pour former le corps. Aussi emploie-t-on beaucoup les moteurs à vitesse réglable pendant la marche.

Moteurs triphasés. — Le moteur asynchrone, qui ne varie guère que de 2 à 4 % comme vitesse, est d'un emploi excellent pour les industries textiles. Les moteurs à cage d'écureuil ou à rotor bobiné en court-circuit sont très avantageux, parce qu'ils ne donnent aucun risque d'incendie, et, dans certaines machines, les matières premières sont très inflammables, par exemple le coton détaché du peigneur des cardes. Or, dans beaucoup de régions d'industrie textile, le climat est humide, les salles sont poussièreuses et de températures assez élevées (25 à 30°), toutes circonstances favorables à la production des étincelles. On utilisera donc ces moteurs, toutes les fois qu'on n'aura pas besoin de variations de vitesse pendant la marche. Pour avoir les vitesses correspondant aux différents genres de travaux, par exemple pour avoir les divers numéros de fil, on changera le dispositif de transmission.

Pour avoir des vitesses variables pendant la marche, on sera obligé d'avoir recours aux rotors bobinés avec résistances intercalées ; mais l'on aura alors des pertes assez considérables dans le rendement.

Moteurs à collecteur. — Les moteurs à répulsion conviennent bien pour les vitesses variables, cette variation s'obtenant par celle du calage des balais, au moyen du mouvement d'un seul levier. On les emploie souvent pour les distributions triphasées, en les branchant sur une des phases, et les répartissant de manière à avoir l'équilibre de celles-ci. On peut leur reprocher de garder moins constante leur vitesse, au fur et à mesure que leur température s'élève, par suite du fonctionnement. Cette variation peut être de 8 à 11 %.

Moteurs shunt (courant continu). — Pour le courant continu on aura recours nécessairement au moteur shunt, pour les raisons bien connues. Le réglage de vitesse se fera par variation du courant excitateur.

Attaque des machines par les moteurs. — La commande des machines textiles par les moteurs électriques se fait par courroies et poulies, et surtout par embrayage à friction, système qui donne toute la souplesse voulue pour éviter les à-coups. Dans certains cas, les machines sont munies de régulateurs de filage, agissant sur la régulation du moteur électrique, pour maintenir la vitesse à la valeur voulue.

Nous donnons ci-dessous, d'après M. Fontigny ([1]), les caractéristiques au point de vue mécanique, de diverses machines textiles.

Caractéristiques mécaniques de machines textiles.

Machines	Chevaux néces- saires	Tours par minute	Chevaux / Tours par minute
Brise-balles	2-2,5	450-500	0,0044-0,0050
Ouvreuse verticale simple	4	1000	0,004
Batteur simple.....................	4	1000-1200	0,0040-0,0033
Carde.............................	3/4	160-180	0,0047-0,0042
Banc d'étirage à 12 délivraisons	1	150-300	0,0067-0,0033
Banc à broches en gros, 90 broches....	2	200-300	0,0100-0,0067
Banc à broches intermédiaire, 120 broches	2	300-385	0,0067-0,0052
Banc à broches en fin, 150 broches....	2	310-455	0,0065-0,0044
— surfin, 200 —	2	310-455	0,0065-0,0044
Self acting, 120-140 broches..........	pʳ 1 HP		
Bobinoir à broches, 300 broches	—	120	
Continu à anneaux, 90-100 broches ...	—		
Continu à retordre, anneaux, 55 broches	—		
Bobinoir à tambours, 100 tambours ...	—	400-600	
Dévidoir à 80 écheveaux	1/8	250	0,0005

Commande individuelle ou commande groupée. — On voit, par le tableau précédent, que beaucoup de machines textiles demandent très peu de puissance, et en même temps, de faibles vitesses. Pour les

(1) Edouard FONTIGNY, — La commande électrique dans les industries textiles (*Technique Moderne*, août et septembre 1911).

commander individuellement, il faut donc, ou une réduction très grande, et par suite une diminution de rendement, ou des machines spéciales de grandes dimensions, et par suite coûteuses. Il y a donc lieu de voir s'il n'y a pas intérêt, à grouper les machines qui ici travaillent d'une façon presque continue, et avec des vitesses égales. Soient n le nombre de machines consommant normalement chacune m chevaux, et $s \times m$ en surcharge, soient a le prix de chaque moteur par cheval, r son rendement [2]. L'installation devra être prévue pour une puissance totale de $n \times sm$ chevaux et son prix de revient sera : $a.n.s.m.$ Si nous appelons c le pourcentage de la charge complète auquel les machines travaillent ensemble, elles absorberont ncm chevaux et les moteurs consommeront une puissance de $\dfrac{ncm}{r}$ chevaux.

Pour conduire les machines par un moteur unique, celui-ci devrait avoir une puissance M égale à $n.s.m.\,\lambda$, λ étant une constante dépendant du coefficient d'activité des machines, et pouvant égaler 0,5 à 0,7. Si R est son rendement, A son prix par cheval, le prix de revient sera :

$$MA = n.s.m.\,\lambda.\,A$$

et la consommation sera $\dfrac{ncm}{R}$.

On aura donc à comparer ces valeurs ; il faut, bien entendu, tenir compte des conditions pratiques.

Beaucoup de filatures comprennent une dizaine d'arbres principaux, pouvant être actionnés chacun par un moteur convenable ; il semble qu'il serait plus avantageux de pousser plus loin la subdivision.

Dans les salles de battage, de continus à filer, la puissance est élevée et la vitesse assez grande ; on peut adopter des groupes avec moteur de 250 chevaux environ.

La commande par moteur individuel, ou par petits groupes, réduit le nombre des courroies ; elle permet un éclairage et une ventilation meilleure. Les variations de vitesse des machines se répercutent moins les unes sur les autres.

---

(2) FONTIGNY, loc. cit.

Remarques diverses. — La commande électrique se prête bien à l'organisation des ateliers à étages, qui sont très employés dans les industries textiles.

Il sera souvent avantageux, surtout pour les installations de moins de 500 chevaux, d'acheter l'énergie électrique au dehors.

Avantages particuliers de la commande électrique. — L'expérience montre, que dans le cas des industries textiles, outre un rendement en énergie généralement supérieur à celui de la transmission mécanique, la commande électrique procure encore les deux avantages suivants :

1º Diminution des casses de 20 % environ, allant même jusqu'à 50 %, grâce à la conduite plus douce ;

2º Production par cheval supérieure de 10 % à 20 %, en même temps que la qualité du produit subit une amélioration de 5 % environ.

Commande électrique dans les usines à papier

Conditions générales.

Les machines continues à fabriquer le papier doivent présenter les caractéristiques de fonctionnement suivantes :

1º Avoir en marche une *vitesse très constante*, de manière à avoir une épaisseur uniforme pour le papier ; cette épaisseur s'estime par le poids au mètre carré de la feuille, et il ne doit pas y avoir une variation de 3 % de ce poids, en plus ou en moins du poids normal, et souvent beaucoup moins ;

2º *La vitesse de régime doit pouvoir varier beaucoup d'une fabrication à l'autre*, les poids des papiers variant dans de larges proportions, entre 40 et 400 et même 500 grammes.

Ce réglage précis de la vitesse se fait, dans les machines commandées mécaniquement, par un dispositif de doubles cônes, reliés par une courroie, avec système permettant de faire voyager celle-ci sur eux. A cause de la grande précision demandée, ces cônes doivent être à génératrice peu inclinée, pour permettre d'avoir toute la gamme des variations de vitesse, on leur donne donc de très grandes dimensions : 2ᵐ50 de long sur 1ᵐ50 de diamètre à la base.

Ce réglage se complète par la variation de la vitesse de la machine à vapeur, en agissant sur son régulateur, et pour les très grands écarts correspondant aux changements de fabrication, par la modification des trains d'engrenage entraînant la machine ;

3° *La puissance en charge n'est que de peu supérieure à celle à vide ;*

4° *Le couple au démarrage est de beaucoup supérieur au couple de régime*, aussi met-on en marche en plusieurs temps, en embrayant successivement les différents cylindres ; ceci n'est pas une complication, car les organes employés à cet effet servent au réglage complémentaire, et indispensable, de la vitesse de ces cylindres.

La commande électrique satisfait, d'une façon simple et parfaite, aux conditions de vitesse, par l'emploi des moteurs shunt ou de préférence compound, ce qui permet d'avoir des vitesses de régime ne variant pas de 1 %. Les conditions de démarrage, de fonctionnement à vide et en marche, se prêtent bien à l'emploi de ces machines.

Pour faire varier les vitesses suivant les régimes, on emploie un des procédés suivants :

Distribution à deux ponts avec moteur à deux collecteurs. — La distribution se fait à 240 volts avec deux ponts de 120 volts, elle alimente des moteurs à deux collecteurs pouvant être regardés, comme on l'a vu dans le fascicule 32, comme formés par la juxtaposition de deux machines. Les couplages et démarrages se font par controller avec insertion de résistances dans l'induit, le rhéostat d'excitation permet de parachever le réglage de vitesse.

Dans des moteurs de ce genre, construits par les ateliers de Jeumont, on peut ainsi coupler les collecteurs en série sur 120 volts, donnant une vitesse de 118 tours, en série sur 240 volts, ce qui donne 350 tours par minute et en parallèle sur 240 volts, ce qui permet d'atteindre la vitesse de 750 tours. Le tableau ci-dessous, donne les vitesses de papier qu'on peut obtenir dans une calandre commandée par un moteur de ce genre, avec 31 plots au rhéostat d'excitation :

NUMÉROS des plots du rhéostat d'excitation	VITESSES DU PAPIER		
	Collecteurs en série sous 120 volts	Collecteurs en série sous 240 volts	Collecteurs en parallèle sous 240 volts
	m	m	m
1	13,20	25,60	51,20
2	13,40	26,40	53,60
3	13,60	27,20	55,20

NUMÉROS des plots du rhéostat d'excitation	VITESSES DU PAPIER		
	Collecteurs en série sous 120 volts	Collecteurs en série sous 240 volts	Collecteurs en parallèle sous 240 volts
	m	m	m
4	13,90	28,00	56,80
5	14,20	28,80	58,80
6	14,60	29,60	60,80
7	15,00	30,80	62,80
8	15,40	31,80	64,80
9	16,05	32,80	66,20
10	16,80	33,60	68,00
11	17,40	34,60	70,40
12	18,00	35,60	72,80
13	18,60	37,00	74,40
14	19,20	38,40	76,80
15	19,60	39,40	79,20
16	20,20	40,40	81,60
17	20,60	41,60	84,40
18	21,20	42,80	87,20
19	21,80	44,20	89,60
20	22,40	45,60	92,00
21	23,00	46,80	94,00
22	23,60	48,00	96,00
23	24,20	49,20	98,00
24	24,80	50,40	100,00
25	25,40	51,60	102,00
26	26,00	52,80	104,80
27	26,60	54,00	107,20
28	27,20	55,20	109,60
29	27,80	56,40	112,00
30	28,40	57,60	114,20
31	29,00	58,80	116,60

On voit que cette variation, obtenue par le simple jeu de deux manettes, peut être regardée comme progressant pratiquement d'une façon continue.

Emploi du système Ward-Léonard. — Ce système (voir fascicule 32), consiste à alimenter le moteur M au moyen d'une génératrice spéciale (fig. 7); cette génératrice est mue par un moteur à vitesse constante, auquel l'énergie est fournie par le réseau. Ce sera donc un moteur shunt si le courant est continu, asynchrone si le courant est alternatif. La génératrice G est à excitation indépendante, celle-ci étant prise sur le réseau dans le cas du continu, ou four-

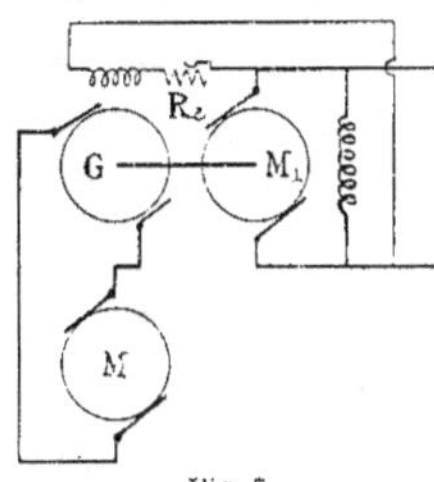
Fig. 7.

nie par une dynamo excitatrice spéciale, placée en bout d'arbre de G, dans le cas du courant alternatif. En agissant sur le rhéostat d'excitation R*e* de G, on fait varier la tension sous laquelle cette machine alimente le moteur M et, par suite, la vitesse de ce dernier. Cette vitesse varie donc progressivement, par le simple jeu de la manette du rhéostat R*e*.

Emploi d'un survolteur-dévolteur (fig. 8). — On utilise encore un groupe convertisseur M_1G, mais la génératrice G et le moteur à conduire M sont en série sur le circuit d'alimentation. Le rhéostat de G est branché sur la distribution à tension constante, de manière qu'on puisse faire varier la tension aux bornes de cette machine de — U jusqu'à + U, U étant la différence

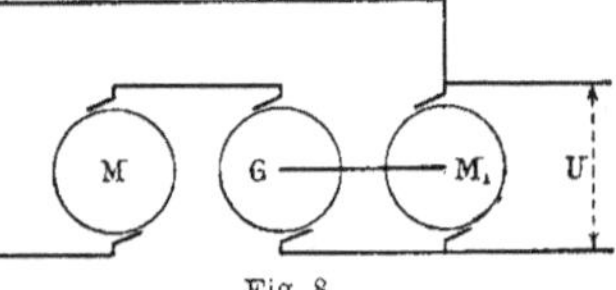

Fig. 8.

de potentiel entre fils du réseau. La tension aux bornes de M varie ainsi de O à 2U; on peut donc avoir telle vitesse qu'on veut jusqu'à celle correspondant à 2U. La manœuvre consiste encore dans celle du rhéostat d'excitation de G et, en subdivisant convenablement celui-ci, la variation de vitesse est aussi progressive qu'on le veut. Au lieu de compounder directement le moteur M, on ajoute quelquefois en série avec G une petite dynamo à excitation série (AEG). Dans le cas où l'usine est alimentée en alternatif, on transforme en continu au moyen d'un groupe convertisseur, sur l'arbre duquel est monté le survolteur-dévolteur.

Commande par moteurs asynchrones. — Lorsque la machine à fabrication continue demande peu de puissance, il serait peu économique d'employer des groupes convertisseurs, et, l'on a le plus souvent avantage à commander la machine par un moteur asynchrone, avec rotor bobiné et résistances variables insérées, ce qui permet une variation de 30 %. On attaque alors la machine par courroies et cônes, pour avoir les variations très progressives de vitesse.

Autres machines des papeteries. — Sauf les calandres, qui sont à vitesse très variable, suivant la fabrication, les autres machines travaillent à vitesse constante, et n'offrent pas de particularité au point de vue de la commande électrique.

Remarques diverses. — Outre les avantages généraux de la commande électrique, nous trouvons dans son emploi dans les papeteries une grande simplification des installations, par suite de la suppression des machines à vapeur spéciales à chaque machine continue.

Son emploi augmente la bonté de la fabrication, car il y a moins de poussières qu'avec les machines à vapeur et, par suite, moins de points noirs ou *poivre* dans le papier. Néanmoins, on ne peut pas jouir de tous les avantages que donne la commande électrique, car la nécessité d'amener la vapeur aux machines pour le séchage ne permet pas d'éloigner, autant qu'on le voudrait, les chaufferies des salles de fabrication.

Si l'on emploie une distribution à plusieurs fils, il n'y aura que les machines à vitesse variable qui seront branchées sur les deux ponts, les autres machines seront, au contraire, alimentées séparément par chaque pont, de manière à équilibrer ceux-ci. On aura intérêt dans ce cas, à alimenter le réseau par une génératrice à deux collecteurs.

Dans le cas du courant alternatif, il se présente chaque fois une question d'espèce, pour savoir si l'on doit faire la transformation en courant continu pour toute l'usine, ou simplement pour les machines à vitesse variable, les autres machines étant conduites par des moteurs asynchrones. Seule l'étude économique de chaque cas permet de se prononcer.

Les machines de papeterie fonctionnant d'une façon continue, leur ventilation doit être particulièrement soignée.

Application aux autres industries

Les trois exemples que nous avons sommairement étudiés : *commande des ateliers mécaniques* : grande variété de travail, vitesses à peu près constantes, etc. ; *commande des ateliers de l'industrie textile*: vitesse très constante, commande très douce ; *commande des ateliers de papeterie* : marche à vitesse très précise mais très variable, suivant le genre de fabrication, suffisent à montrer toute la souplesse et l'économie qu'on peut attendre de la commande électrique. On étendra, sans peine, aux autres industries les raisonnements que nous avons faits et qui permettent de dire, d'une façon presque générale, que dans les installations neuves la commande électrique s'impose pour ainsi dire. Pour une transformation d'atelier, on ne peut rien dire *à priori* car on ne peut préjuger, en thèse générale, quel sera le résultat économique provenant de l'achat d'un matériel neuf, à meilleur rendement, il est vrai, et de la perte de capital provenant de la réforme de matériel pouvant encore servir.

Commande des ateliers de la petite industrie

Avec la commande électrique, l'énergie consommée ne l'est que pendant le travail. Pour toute la petite industrie, qui ne demande que quelques chevaux à répartir entre plusieurs machines, l'adoption de la commande électrique, individuelle, donne la solution la plus économique de la conduite mécanique, en réduisant au minimum le prix de l'énergie utilisée. L'électricité permet donc l'installation des petits ateliers, ce qu'on ne peut faire avec les moteurs thermiques, le coefficient d'activité étant toujours faible. Elle donne donc la solution sociale du problème du travail à domicile.

Dans beaucoup de grandes villes, on a installé de véritables centres de petite industrie, où une station génératrice réunit autour d'elle de petits ateliers loués à des artisans. L'ensemble a un très bon facteur de charge, permettant d'avoir l'énergie à un prix minime. Pour les ateliers indépendants, les réductions de prix, que les secteurs consentent pour le courant destiné à la force motrice, rendent celle-ci très peu coûteuse.

En se reportant au fascicule 40 (exploitation d'une usine centrale, prix de revient de l'énergie), on aura tous les éléments permettant de comparer, dans tous les cas, les avantages économiques de l'emploi de l'électricité dans les ateliers, grands ou petits.

CHAPITRE II

Asservissement des moteurs électriques

On dit qu'un moteur est asservi, lorsque l'amplitude de son mouvement est réglée par celle de son organe de manœuvre ; en général l'asservissement consiste à faire tourner le moteur du même angle que l'organe de manœuvre.

La figure 9 indique comment on peut réaliser un tel asservissement. L'induit I du moteur entraîne rigidement un système de deux coquilles C_1, C_2 isolées l'une de l'autre et reliées chacune à une des

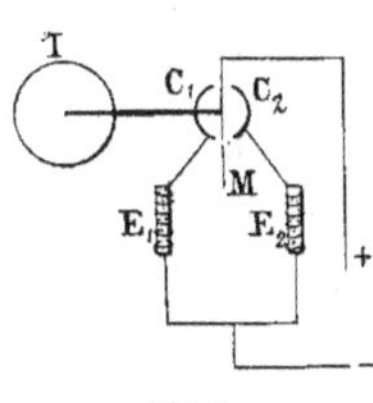

Fig. 9.

extrémités des électros E_1 et E_2 dont les bobines sont réunies au pôle —, par exemple, de la distribution. La manette M de manœuvre tourne folle sur l'axe des coquilles et est reliée au pôle + ; dans ses déplacements elle frotte sur celle des coquilles au-dessus de laquelle elle se trouve. Si donc on fait tourner M autour de l'axe d'un certain angle, le circuit de l'électro correspondant à la coquille au-dessus de laquelle se trouve M sera fermé, et son armature attirée provoquera la mise en marche du moteur dans le sens correspondant à cet électro, le second donnant la marche en sens inverse. L'induit entraînant les coquilles dans son mouvement, lorsqu'il aura tourné de l'angle dont on a déplacé M, l'intervalle situé entre les coquilles se trouvera placé au-dessous de la manette, le courant dans l'électro sera rompu et l'armature, rappelée à sa position de repos, coupera le circuit d'alimentation du moteur qui s'arrêtera. Un tel système ne donne que peu de précision, et il n'est applicable que si la commande se fait à proximité même de la machine.

Dans beaucoup de cas, il faut au contraire faire la commande à distance, et arriver à avoir un déplacement angulaire rigoureusement égal à celui de la manette de manœuvre. Ce problème se présente dans la commande des projecteurs électriques, où l'axe du projecteur doit être amené dans une position rigoureusement parallèle à celle de l'axe de la lunette ou de l'alidade avec laquelle on vise le but, d'un poste de commande situé à une distance quelconque du projecteur. Nous allons indiquer ci-dessous deux des dispositifs employés dans ce but : l'un est celui de la Maison Bréguet, l'autre a été réalisé par la Maison Sautter-Harlé et Cie.

Commande Bréguet (fig. 10). — La partie inférieure de la figure représente les organes qui se trouvent au poste de commande, la partie supérieure ceux qui sont au poste du projecteur, I étant l'induit et i l'inducteur du moteur shunt qui entraîne celui-ci. Au poste de commande, nous voyons (à gauche, en bas) le porte alidade A dont la partie conductrice, lorsqu'on le déplace, met en communication le plot annulaire C relié au pôle $+$ de la distribution avec l'un des plots demi-circulaires C_1 et C_2 reliés aux électros E_1 et E_2 dont les bobines sont réunies en 1 au négatif. Suivant le plot sur lequel repose A, un de ces électros va être excité. Si c'est E_1, le courant pour aller dans l'induit suivra le chemin 2, 3, 4, 5, 6, 7, si c'est E_2, il suivra 2, 8, 5, 4, 9, 7, 1, c'est-à-dire

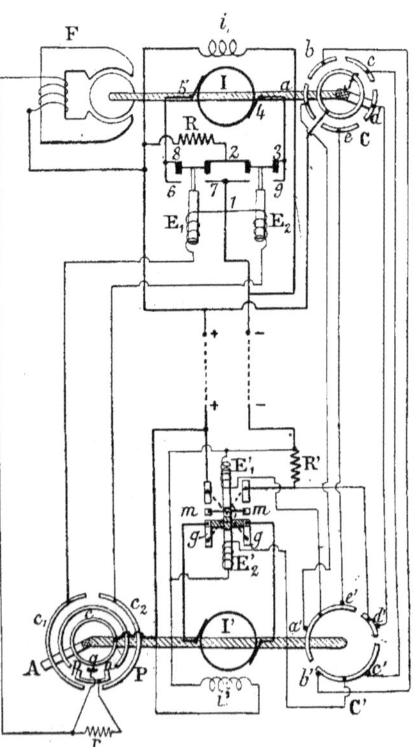

Fig. 10.

qu'il passera en sens contraire dans le rotor. Comme l'inducteur i est branché à demeure sur la distribution, nous aurons donc la marche dans un sens ou dans l'autre, suivant l'électro actionné. R est un rhéostat inséré dans le circuit de l'induit.

Dans son mouvement, l'induit entraîne le frotteur f du commutateur C à cinq plots placé au poste de commande ; ces cinq plots *abcde* sont réunis à ceux $a'b'c'd'e'$ du commutateur C' du poste de commande, commutateur comportant trois frotteurs (non représentés sur la figure) 1, 2, 3 réunis, les frotteurs 1 et 2 aux deux électros $E'_1 E'_2$ qui permettent l'envoi du courant dans un sens ou dans l'autre dans l'induit I' d'un petit moteur placé au poste de commande, et dont i' est l'inducteur ; le frotteur 3 au pôle — de la distribution ; R' est un rhéostat branché dans le circuit de l'induit I'. La rotation de I' entraîne celle de C' et du plateau P portant les plots CC_1C_2 du manipulateur. Au repos les frotteurs gg se trouvent sur les plots mm, et I' est en court-circuit. Aussitôt que le mouvement de A a produit celui de I, le frotteur f est entraîné, et vient par exemple sur le plot c, le courant passe par c' dans E'_2, et I' se met en marche en entraînant C' et le plateau P dans le sens voulu, et cela jusqu'à ce que A étant venu entre c_1 et c_2, le courant soit rompu dans E_1 ; I se trouve alors court-circuité et en même temps 2 est venu sur le plot c' correspondant à celui c de C, le courant ne passe plus dans E'_2 et I' s'arrête.

Pour avoir un arrêt exact, A, en arrivant dans la position moyenne, coupe non seulement le courant dans E_1 ou E_2, mais excite le frein électromagnétique F, en intercalant d'abord la résistance r. Le moteur commence donc par ralentir et s'arrête sans avoir de balancements, comme cela se produirait sans cette précaution, la vitesse acquise faisant dépasser la direction voulue, et alors A venant en contact avec C_2 pour provoquer le rappel en arrière du projecteur. La liaison entre le moteur du projecteur et le plateau porte-alidade n'est donc pas rigide, elle a lieu par l'intermédiaire du moteur I'. Pour que I tourne bien de l'angle dont a été déplacé A, il faut que I' ait un mouvement absolument identique à I, et tourne avec la même vitesse que lui. Il serait difficile d'avoir un synchronisme aussi exact, mais le jeu des commutateurs C et C' permet de s'en passer.

En effet, si I' tournait plus vite que I, le frotteur II viendrait en contact avec e' et ce serait E'_2 qui serait excité au lieu de E'_1, I stopperait donc puis tournerait en sens inverse ramenant A sur le plot C_1. Le moteur I′ tend donc bien à rendre concordants les mouvements de P et de I.

Il n'en serait pas de même, si I′ tournait plus lentement que I, car ce dernier dépasserait la position voulue avant que P produise son arrêt. On voit, que pour avoir un bon fonctionnement, il faut que le moteur du poste de commande tourne légèrement plus vite que celui du projecteur, condition toujours facile à réaliser.

Commande Sautter-Harlé et Cie (fig. 11 et 12). — La commande Sautter-Harlé constitue un asservissement purement électrique, elle est basée sur le principe du pont de Weatstone, le moteur M (fig. 11) est branché dans la diagonale galvanomètre du pont. Le sommet C de cette diagonale est formé par un curseur se déplaçant sur un rhéostat R, le sommet B est constitué aussi par un curseur se déplaçant sur le rhéostat R_1, ce curseur est entraîné par le moteur. Lorsqu'il atteindra la position correspondant à celle de C pour laquelle le pont est équilibré, le courant sera nul dans le moteur et celui-ci arrêté. Suivant le sens dans lequel on déplacera C, le

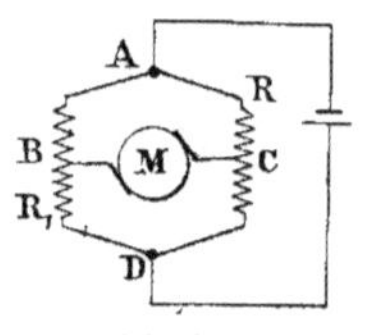
Fig. 11.

courant dans M sera inversé et ce moteur tournera, d'un côté ou de l'autre. Le mouvement de M sera donc asservi à celui de C qui est lui-même commandé par l'alidade de visée.

La figure 12 montre comment ce dispositif est appliqué pratiquement. Au poste de commande (à droite de la figure), nous trouvons le rhéostat R et le curseur C que l'alidade déplace. Au poste du projecteur (à gauche), nous avons le rhéostat R_1 et le curseur B entraîné par le mouvement de l'induit I du moteur du projecteur. Ce dernier n'est pas placé dans la diagonale BC, à sa place nous y trouvons un galvanomètre G, polarisé de manière que son armature se déplace, dans un sens ou dans l'autre, suivant la direction du courant dans BC.

Cette armature porte une lame flexible *ab*, reliée au pôle +, par exemple, de la distribution. Suivant le sens de la déviation cette lame vient buter contre l'un des contacts 1 ou 2, fermant ainsi le circuit de celui des électros E_1 ou E_2 qui va lancer le courant dans un sens ou dans l'autre dans I pour produire la rotation dans la direction voulue, R_h étant un rhéostat de démarrage. Quand I a tourné de la quantité voulue, B s'est déplacé de façon que G soit revenu à l'équilibre, le contact de *ab* avec 1 ou 2 est rompu et les électros cessent de fonctionner ; I se trouve court-circuité et s'arrête. Pour que cet arrêt ait lieu avec précision et sans balancements, il faut que la vitesse de I soit petite, condition contradictoire avec celle d'avoir une manœuvre rapide du projecteur. On a surmonté cette difficulté en donnant au moteur deux vitesses : l'une accélérée au début, l'autre

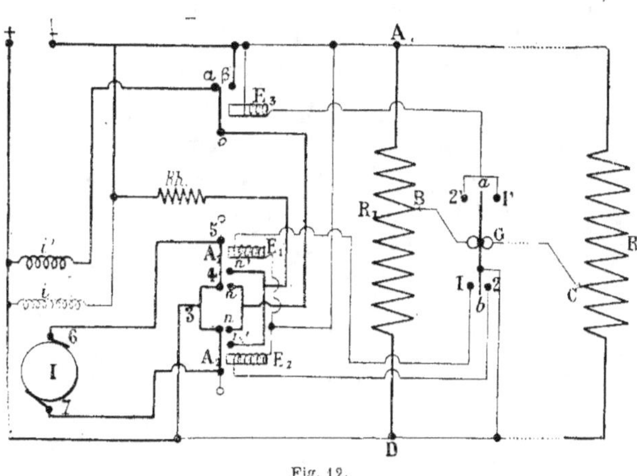

Fig. 12.

ralentie lorsqu'on approche de l'équilibre. Pour cela on a disposé deux autres contacts 1′ et 2′ plus écartés que 1 et 2 devant *ab* ; au commencement du mouvement l'intensité du courant dans BC étant forte, le cadre de G, après que *ab* a buté sur 1, continue à tourner et fait fléchir cette lame jusqu'à ce qu'elle touche 1′, ce qui fait fonctionner l'électro E_3 dont l'armature venant toucher β met en relation le pôle — directement avec l'induit par les plots *n*. On tourne alors avec résistance nulle dans l'induit et avec le flux produit par *i*, ce qui correspond à la grande vitesse. Lorsqu'on approche de l'équilibre, le cadre du galvanomètre revenant vers sa position d'équilibre, le contact en 1′ est rompu, alors que celui en 1 reste encore établi. E_3 ne fonctionne plus et son armature vient en α, l'induit se trouve alors réuni au pôle — par les plots *n′* et le rhéostat R_h, et on ferme en même temps par les plots *n* et *n′* le circuit d'un second inducteur *i′*. Le flux est donc augmenté en même temps que la résistance du circuit induit, d'où ralentissement jusqu'à ce qu'il y ait arrêt lorsque le contact est rompu en 1. En résumé nous avons quatre temps dans la manœuvre :

1º Appui contre 1, démarrage à petite vitesse ;

2º Appui contre 1′, E_2 joue supprimant R_h et $i′$, marche à grande vitesse ;

3º L'appui cesse en 1′ et se conserve en 1, réintroduction de R_h et $i′$, marche au ralenti ;

4º Cessation de l'appui en 1, court-circuit et arrêt de I.

Remarque. — On pourra remarquer que dans la commande Sautter, il ne faut que trois fils entre le poste de commande et le poste du moteur ; dans celle Bréguet il en faut dix. Les deux systèmes fonctionnent d'ailleurs très bien.

CHAPITRE III

Commande électrique des appareils de levage et de manutention

Généralités

L'application de la commande électrique aux appareils de levage et de manutention reçoit une importance de plus en plus grande dans l'industrie, et la raison s'en conçoit aisément. Pour les appareils qui sont destinés à fonctionner à poste fixe: treuils, ascenseurs, monte-charges, il est facile de combiner de façon simple une transmission si on dispose déjà de force motrice desservant les locaux où on les utilise. Le problème se complique lorsqu'on est obligé de disposer spécialement pour eux un moteur, comme cela se produit pour les ascenseurs employés dans les maisons particulières, les grues et les treuils employés sur des chantiers, etc. Tous ces appareils ont en effet un coefficient d'activité assez faible, le moteur ne travaillant généra-lement que pendant la montée et restant inactif pendant la descente, et durant les manœuvres d'accrochage et de décrochage des fardeaux. Il doit néanmoins, tourner pendant ce temps, sa mise en route à chaque opération, même pour des moteurs à démarrage rapide comme ceux à essence, causerait en effet des pertes de temps trop importantes pour qu'on y ait recours.

Quand l'appareil ne doit pas fonctionner à poste fixe, comme cela a lieu pour les palans employés à chaque instant pour les manuten-tions dans les usines, et surtout pour ceux qui doivent non seulement élever une charge mais encore la transporter à distance, comme les ponts roulants; l'organisation des transmissions devient excessive-ment compliquée, et il faut la plupart du temps munir l'appareil d'un moteur spécial, alors même qu'on dispose de force motrice à proximité. Très souvent, on ne peut le faire à cause des circonstances locales ; c'est ainsi qu'on ne peut songer à installer un moteur thermique sur un pont roulant placé dans un atelier, par suite de la difficulté qu'on aurait à assurer l'évacuation des gaz de l'échappement.

C'est pourquoi, dans beaucoup de cas, l'on est obligé de se contenter de la manœuvre à bras ; celle-ci se présente dans des conditions très désavantageuses. Un homme ne peut en effet développer, en tirant sur une chaîne, qu'un effort de 12 à 15 kilogrammes à la vitesse de 0^m30 à 0^m40 par seconde ; en agissant sur une manivelle il fournit un effort de 8 à 10 kilogrammes avec une vitesse de 0^m70 à 0^m80 par seconde. Mais, en outre, les machines à bras ont l'inconvénient d'avoir un rendement très faible, et le travail utile fourni par l'homme ne dépasse guère 4 kilogrammètres par seconde.

Étant données l'impossibilité de grouper un grand nombre d'hommes pour une même manœuvre, et la lenteur de celle-ci, il faut y renoncer toutes les fois qu'on veut obtenir un grand débit.

C'est cette difficulté qui a conduit tout d'abord à perfectionner les moyens de transmission de l'énergie à distance, tout en leur assurant une grande souplesse dans l'emploi. On a ainsi utilisé les transmissions télédynamiques par câbles d'acier ou de chanvre, avec paliers à effacement pour les supporter. Les transmissions hydrauliques ont donné de bons résultats malgré les difficultés qu'on a à les garantir contre la gelée, et la lenteur des manœuvres des moteurs à eau.

Quel que soit d'ailleurs le procédé de transmission mécanique employé, il n'en reste pas moins l'inconvénient d'avoir toujours le moteur en fonction et, par suite, une consommation exagérée d'énergie.

L'électrification donne par contre une solution simple et économique du problème qui se pose ici. L'amenée du courant se fait toujours facilement : prises de courant mobiles pour les appareils qui doivent fonctionner en des points quelconques, alimentation par trolley et fil de travail pour ceux qui doivent se déplacer sous charge. La dépense d'énergie reste proportionnelle au travail utile accompli ; on interrompt le courant toutes les fois que le moteur n'a pas d'effort à produire. La conduite en est aisée et peut être assurée par n'importe qui, la surveillance et l'entretien sont presque nuls. On peut obtenir toutes les vitesses de manœuvre que l'on désire ; celle-ci peut se faire avec une très grande précision, ce qui en rend l'usage des plus précieux.

Nous ne pouvons songer, dans le cadre restreint de ce chapitre, à étudier tous les appareils de levage et de manutention équipés électriquement qui sont en usage actuellement, nous nous contenterons seulement d'envisager les appareils de levage proprement dits, et encore nous bornerons-nous, sans entrer dans le détail de leur constitution, à ne considérer que ce qui est relatif à leur partie électrique.

Propriétés des différents moteurs électriques au point de vue de leur emploi pour la commande des appareils de levage

Le courant continu est celui qui, à cause de la grande souplesse de ses moteurs, se prête le mieux à la conduite des appareils de levage, mais il est, on le sait, difficile à employer lorsqu'on est assez loin de l'usine génératrice. La nature du courant est d'ailleurs souvent imposée, l'énergie étant fournie par un secteur qui doit satisfaire à d'autres besoins, et il n'y a pas lieu, le plus souvent par raison d'économie, d'envisager la transformation sur place du courant alternatif en continu. Nous allons passer rapidement en revue les propriétés des principaux types de moteurs.

Moteur continu à excitation-série. — C'est un des plus employés, sa caractéristique principale est, comme on le sait, d'avoir un très bon couple au démarrage, qualité importante pour un appareil de levage où l'on a au départ à vaincre une grande résistance d'inertie. La mise en vitesse se fait rapidement. Le réglage de la vitesse est facile par l'insertion de résistances en série, ou par shuntage de l'inducteur.

Il n'a qu'une très faible self et, par suite, les ouvertures de circuit pour l'arrêt ne causent aucun dommage ni aux bobines inductrices ni aux touches des controllers.

Par contre, sa vitesse est très variable avec la charge, son maniement est donc peu commode et ne se prête guère à des manœuvres très précises. Il a en outre l'inconvénient de s'emballer à vide ; cela n'a pas d'importance pour les moteurs commandant des mouvements de translation, car on est dans le même cas que pour la traction, il n'y a jamais réellement de fonctionnement à vide. Pour le levage il n'en est pas de même, et si l'on n'y prête pas attention, l'emballement peut se produire lorsqu'on remonte le crochet à vide ou avec une très faible charge. Pour éviter cet emballement, il faut avoir recours à des moteurs très saturés, mais on perd alors le bénéfice du grand couple de démarrage. En pratique, dès que le couple minimum prévu est inférieur au dixième de celui qui correspond à la pleine charge, il est prudent de renoncer à l'emploi du moteur série.

Moteur continu à excitation shunt. — Sa caractéristique est d'avoir une vitesse constante presque indépendante de la charge, ce qui est utile dans certaines applications ; il peut être manœuvré avec une grande précision. La régulation de vitesse se fait presque sans consommation d'énergie, par l'insertion de résistances en série avec l'inducteur.

Son gros inconvénient est d'avoir une très grande self pour ses bobines inductrices ; à la coupure du courant il se produit des surtensions pouvant amener la destruction de l'isolement, et causant de fortes étincelles aux touches des controllers, ce qui les détériore à la longue. Les manœuvres d'ouverture du courant pour l'arrêt étant très fréquentes dans les appareils de levage, on est obligé le plus souvent de laisser les inducteurs en circuit, ce qui amène des difficultés pour le refroidissement du moteur, surtout lorsque les circonstances locales obligent à se servir de moteurs clos, ce qui est presque le cas général.

Moteur continu à excitation compound. — Le moteur compound différentiel, qui donne une régularité de vitesse encore plus grande que le moteur shunt, n'a pas de raison d'être employé dans les appareils de levage. Il n'en est pas de même du moteur compound additionnel. qui jouit de la propriété du moteur série d'avoir un grand couple de démarrage, tout en ne pouvant pas s'emballer.

Quand on emploie les moteurs compound, on ne met généralement l'enroulement série en service que pour le démarrage seulement, et on le met hors circuit lorsqu'on a atteint la vitesse de marche normale.

Moteurs alternatifs monophasés. — Le moteur asynchrone monophasé n'est pas d'un usage très pratique pour les appareils de levage, à cause de ses difficultés de démarrage. Dans le cas du courant monophasé, il y a tout avantage à se servir du moteur à collecteur, qui jouit de propriétés analogues à celles du moteur série continu : bon couple de démarrage, diminution de la vitesse quand le couple croît. Le réglage de la vitesse se fait principalement par la variation de l'angle de calage des balais.

En vitesse normale, on peut atteindre 0,9 comme facteur de puissance, malheureusement ce facteur s'abaisse beaucoup au démarrage.

Moteurs alternatifs triphasés. — Les moteurs asynchrones tournent à une vitesse à peu près constante, qui doit être voisine du synchronisme pour qu'on ait un bon rendement. La variation de vitesse se fait par l'insertion de résistances dans le rotor ; en exagérant celles-ci on arrive à avoir un très fort couple au démarrage (2 à 3 fois le couple normal), mais il faut prendre certaines précautions, pour éviter un trop grand appel de courant au moment du démarrage.

On peut avoir des variations de vitesse en charge, dans de bonnes conditions de rendement, en utilisant la variation du nombre de pôles, le couplage de deux moteurs, ou en remplaçant, suivant le procédé de Scherbius, les résistances reliées aux bagues du rotor par un moteur polyphasé à collecteur.

On peut employer aussi des moteurs à collecteur, qui donneront les mêmes résultats que ceux monophasés.

En tout cas, l'emploi du courant triphasé est peu avantageux, car il complique les prises de courant ainsi que l'appareillage des manœuvres.

Tensions de service.

La tension sous laquelle devra être distribué le courant sera celle adoptée pour les distributions ordinaires : 110 à 220 volts pour les distributions de faible étendue ; pour les autres il conviendra de ne pas dépasser 440 à 550 volts, comme on le fait pour la traction, en raison du danger que des tensions supérieures feraient courir aux ouvriers. Il serait d'ailleurs difficile, dans les conditions ordinaires d'installation des appareils de levage, de réaliser de façon convenable l'isolation de conducteurs à plus haute tension.

Manœuvre de descente.

La descente, dans les appareils de levage, peut se faire de deux façons : soit sous la simple action de la charge — on doit alors freiner pour ralentir la vitesse — soit au contraire sous l'action du moteur (*descente sous courant*), parce que la charge est insuffisante à produire la descente, ou ne le fait qu'à une vitesse trop faible par suite des résistances passives.

La descente freinée peut avoir lieu sous l'action d'un frein mécanique dont nous n'avons pas à nous occuper ici, soit sous celle d'un frein électromagnétique, soit par freinage électrique du moteur.

Frein électromagnétique (fig. 13). — Les freins électromagnétiques sont des freins ordinaires à bande, qu'un levier muni d'un contrepoids tend à maintenir constamment serrés. Un électro-aimant à noyau plongeur soulève le levier et, par suite, desserre le frein lorsqu'on

Fig. 13.

y envoie le courant. Cet emploi de l'électricité pour le desserrage du frein, au lieu de l'utiliser pour le service contraire, est une garantie de sécurité, puisqu'en cas de manque du courant, le frein agit et la charge se trouve freinée.

Freinage électrique. — Ce procédé consiste à faire fonctionner le moteur, pendant la descente, comme génératrice débitant sur des résistances qu'on fait varier, suivant la vitesse qu'on veut obtenir.

Cette vitesse de descente ne doit pas être trop grande (1,5 à 2 fois au plus la vitesse maximum de levage), car on aurait alors une tension aux bornes de la dynamo, beaucoup trop grande par rapport à celle pour laquelle elle est établie normalement.

Avec les moteurs à courant continu, le freinage s'opère très simplement, mais si en même temps qu'on couple le moteur sur les résistances de freinage, faisant s'il y a lieu les inversions de connections nécessaires pour maintenir le sens du flux convenable dans les inducteurs, on le sépare complètement du réseau, on obtient une descente saccadée, et l'on peut avoir insuffisance de freinage.

Au début, en effet, le flux dû au magnétisme rémanent est très faible, le couple résistant est petit, la descente se fait donc rapidement, au fur et à mesure que la vitesse croît ; il en est de même de l'excitation et, par suite du couple résistant, le moteur ralentit. Lorsque le ralentissement dépasse une certaine valeur, l'excitation tombe peu à peu et le couple résistant diminue (à la limite il serait nul s'il y avait arrêt au moment où il devient égal à l'action de la charge), le poids du fardeau l'emporte et la vitesse se remet à croître.

Avec les moteurs shunt, on pare à cet inconvénient en laissant les inducteurs branchés sur le réseau, ce qui est, nous l'avons vu pour d'autres raisons, d'une bonne pratique ; l'excitation reste alors constante et la descente se fait régulièrement. Pour les moteurs série, on ne peut agir ainsi car, faute d'amorçage suffisant, on pourrait avoir une descente rapide au lieu d'un ralentissement. On y obvie en ajoutant un enroulement supplémentaire dit de *renforcement de champ*, branché en dérivation sur le réseau, et maintenant une excitation variant de 10 à 40 % de celle du moteur en pleine charge.

Pour limiter la vitesse de descente, on place aussi quelquefois en série dans le circuit du moteur un frein électromagnétique, qui se déclanche et fonctionne, lorsque la tension aux bornes du moteur devient trop grande.

Dans le cas du moteur compound, la solution est encore plus simple, puisque l'enroulement dérivation restant branché sur le réseau remplira, par rapport à l'enroulement série, le rôle d'enroulement de renforcement de champ.

Pour les moteurs asynchrones on fait le couplage comme pour la montée, puis on affaiblit le couple en introduisant des résistances dans le rotor, mais l'on a toujours à craindre que, par suite d'une égalité momentanée des couples, le moteur ne se mette en marche dans le sens opposé à celui qu'il doit prendre.

Descente sous courant. — Théoriquement elle est facile à réaliser, puisqu'il suffit de connecter le moteur pour la marche arrière, et d'intercaler des résistances pour avoir un couple aussi faible qu'on veut. Sa vitesse peut atteindre ainsi, à vide ou sous faible charge, le double de celle au levage ; pour les fortes charges il n'est pas toujours commode de la limiter, et lorsqu'elle devient trop grande l'on est obligé de se mettre dans la position de freinage. A cause même de cette grande vitesse, on a à la fois surtension et brutalité dans le coup de frein, ce qui peut entraîner de toute façon des accidents. Aussi doit-on disposer les appareils de commande de manière qu'en passant de la position de descente sous courant à celles en freinage, il y ait toujours une résistance de *protection de freinage* en circuit.

Echauffement des moteurs.

La plupart des moteurs des appareils de levage sont complètement fermés pour les protéger, ils ne doivent donc normalement développer que 70 % environ de leur puissance nominale, sous peine d'échauffements exagérés des circuits. On devra tenir compte de la nature de leur service, continu ou intermittent, pour déterminer les conditions de température acceptables aux essais. Ces conditions sont indiquées dans les fascicules 32 et 33.

Vérins

L'application de l'électricité à la manœuvre des vérins n'offre que peu d'intérêt dans le cas général, il n'en est pas de même, lorsqu'on doit faire agir simultanément plusieurs de ceux-ci, comme cela a lieu pour le levage des locomotives qui peuvent peser jusqu'à 80 tonnes, ou des voitures de tramways qui atteignent 10 tonnes. Cette opération se fait généralement à l'aide des vérins Mathias.

Ces vérins sont constitués par une vis verticale de 2 mètres de haut environ, soutenue par un bâti. La vis tourne sans avancer sous l'action d'engrenages coniques, elle porte un écrou qui, empêché de tourner par des guides fixés sur le bâti, monte ou descend suivant le sens de rotation (dans quelques appareils c'est l'écrou qui tourne et la vis qui avance).

Pour faire un levage (fig. 14), on dispose transversalement sous les longerons du véhicule deux ou trois traverses, suivant son poids ; chaque traverse est supportée par deux vérins, en agissant sur ceux-ci on soulève la machine.

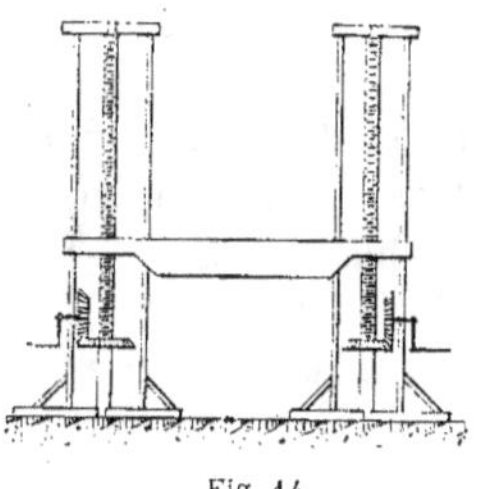
Fig. 14.

Dans la manœuvre à bras, on place jusqu'à quatre hommes par vérin, le rendement de ceux-ci étant très faible. La manœuvre est lente, il faut compter près d'une heure pour faire un levage ; elle est délicate, car il faut que tous les vérins se soulèvent en même temps de la même quantité. Ce résultat est facile à obtenir pour les deux vérins qui actionnent une même traverse, car leur distance étant fixe, on peut facilement réunir leurs mouvements de manière qu'ils aient la même vitesse de levage. Il est plus difficile d'accoupler mécaniquement les deux ou trois paires de vérins, parce que leur distance varie suivant la voiture à lever.

L'électricité a donné une solution simple du problème, en actionnant les différentes paires de vérins par un moteur électrique agissant sur eux au moyen de flexibles. On emploie pour cet usage des moteurs shunts qui donnent une vitesse très régulière, ces moteurs sont à grande réaction d'induit, de manière à diminuer la vitesse lorsque la charge augmente.

On supprime toute complication de transmission en adaptant un moteur shunt à chaque vérin, on les règle une fois pour toutes, au moyen d'une résistance additionnelle convenable, de manière qu'ils aient toujours la même vitesse. Au repos les induits sont court-circuités. La manœuvre se fait au moyen d'un seul appareil de commande pour tous les moteurs, ou par rhéostats distincts.

Il faut un moteur de 3 à 4 chevaux pour un vérin de 15 tonnes, la vitesse de levier étant de 0^m20 à 0^m25 par minute, ce qui donne

une durée de levage de 8 à 10 minutes. On réalise ainsi une grande
économie de temps et de main-d'œuvre.

Palans

Le palan est l'organe par excellence de la manutention sur place
des charges jusqu'à 8 tonnes environ. Le seul reproche qu'on puisse
lui faire est la lenteur de sa manœuvre, et le nombre d'hommes qu'il
faut pour agir sur lui dès que la charge est un peu élevée. Avec l'électrification, un seul homme suffit pour la manœuvre, d'où un grand
gain comme économie de manutention et de temps. Les vitesses de
levée sont considérablement accrues ; on peut les évaluer ainsi qu'il
suit : on n'utilise guère comme moteurs de palans que des moteurs
de 1 à 1,5 cheval, le rendement du palan lui-même étant de 0,65
environ, la puissance disponible pour la levée de la charge P n'est
guère que de 50 kilogrammètres par seconde ; la vitesse de levée par
seconde est donc :

$$V = \frac{50}{P},$$

ou par minute :

$$\frac{3000}{P}$$

ou $\frac{3}{P}$ mètres si P est exprimé en tonnes. A titre d'indication, nous
donnons ci-dessous les caractéristiques des palans électriques construits par la Société Thomson-Houston :

COURANT CONTINU			COURANT TRIPHASÉ		
Nombre de brins de chaîne	Poids soulevé en kgs	Vitesse en charge en mètres par seconde	Nombre de brins de chaîne	Poids soulevé en kgs	Vitesse en charge en mètres par seconde
1	250	6	1	500	6
2	500	3	2	1000	3
1	750	6	1	1000	6
2	1500	3	2	2000	3
1	2000	3,75	1	2000	4
2	4000	1,85	2	4000	2
3	6000	1,25			

L'organisation électrique d'un palan ordinaire différentiel est excessivement simple ; dans presque tous les appareils modernes on agit par une chaîne de manœuvre sur un arbre commandant directement, ou par une vis sans fin, la roue à noix sur laquelle passe la chaîne de levage, noix qui entraîne celle-ci. Il suffira donc de commander l'arbre par un moteur électrique, cette commande se faisant avec réducteur de vitesse.

On sait que la commande à vis sans fin, ou les rapports des poulies des palans différentiels, peuvent être rendus irréversibles, de manière que la charge reste en équilibre sous son propre poids ; il faut pour cela que les résistances passives qui s'opposent seules à la descente soient égales à la charge. Le rendement des appareils irréversibles ne peut donc dépasser 50 %, ils sont donc peu économiques. C'est pourquoi, la plupart du temps l'on utilise des appareils réversibles munis soit d'un frein, soit d'un appareil de coinçage qui immobilise la chaîne, dès que le brin menant n'est plus tendu.

En courant continu l'on utilise des moteurs série ; les palans ont toujours un grand nombre d'engrenages et ne courent pas le risque de s'emballer. Le palan construit par la Compagnie Thomson-Houston est normalement immobilisé par un frein à sabots, bloqué par un ressort. La manœuvre se fait du sol, au moyen de deux cordons de tirage agissant sur l'axe d'un inverseur qui, suivant le sens où il bascule, déterminera la marche avant ou arrière. Pour la montée, l'inverseur fait desserrer le frein en même temps que le courant est donné au moteur ; à la descente la manœuvre se fait en deux temps : dans le premier le frein seul est desserré, dans le second le courant est donné en continuant à tirer le cordon, et la vitesse de descente est accélérée. Quelquefois, l'inverseur est remplacé par un véritable controller permettant d'introduire ou de supprimer une résistance dans le circuit du moteur, ce qui donne deux vitesses de marche. Un dispositif de sécurité coupe le courant et immobilise la charge, lorsque le crochet dépasse une certaine hauteur.

En courant triphasé l'on emploie généralement des moteurs asynchrones, en cage d'écureuil, qui fonctionnent alors par le simple jeu d'un inverseur de courant.

Les dispositifs de commande sont toujours rappelés au zéro, dès qu'on abandonne la tirette, de manière à immobiliser la charge.

Les moteurs pour palans, qui sont toujours très exposés, sont complètement blindés, les engrenages sont couverts par des carters.

Le courant est amené au palan au moyen de conducteurs souples, reliés à des prises, ou à un trolley se déplaçant sur des câbles de travail.

Palans transbordeurs. — Les palans transbordeurs sont des palans ordinaires qui, au lieu d'être accrochés à une charpente, sont fixés à un petit chariot roulant sur un rail. L'importance des transbordements de ces appareils, très pratiques d'ailleurs, n'est pas suffisante pour qu'on les munisse d'un moteur de translation. Pour les petits palans, on tire directement sur la charge ; pour ceux plus importants les galets porteurs sont moteurs et l'on agit dessus au moyen d'une chaîne sans fin, passant sur une roue à noix, et pendant jusqu'au sol.

Quelquefois, lorsqu'on a à faire beaucoup de transbordements suivant une même direction dans un atelier, on dispose d'un bout à l'autre un câble sans fin mené par un moteur spécial, et auquel on attache les palans à déplacer qui sont ainsi entraînés.

Treuils

Le treuil est l'organe essentiel des appareils de levage ; généralement on dispose de toute la place voulue pour installer un moteur électrique devant mener le treuil.

Les moteurs, choisis du type convenable, comme nous l'avons indiqué dans les généralités, attaquent le treuil par engrenages droits, ou par vis sans fin avec réduction de vitesse, mais toujours avec réversibilité pour pouvoir avoir un bon rendement.

La commande se fait par controller avec réglage de vitesse ; le controller est manœuvré directement à la main, ou par courroie sans fin à distance. On emploie aussi les manœuvres par relais et automatiques, comme nous le verrons dans les applications.

Nous donnons ici (fig. 15) le schéma des combinaisons d'un controller complet de treuil permettant, pour un moteur série, les marches avant et arrière à diverses vitesses, descente sur courant, descente freinée et frein électromagnétique, soit toutes les manœuvres usuelles d'un treuil.

I représente les connexions pour la montée ; E est le frein électromagnétique amorcé et, par suite desserré ; A l'induit ; I l'inducteur ; S la bobine de soufflage ; R (1, 2, 3, 4, 5, 6) les résistances qu'on intercalera ou supprimera suivant la vitesse qu'on voudra avoir. C_1 est

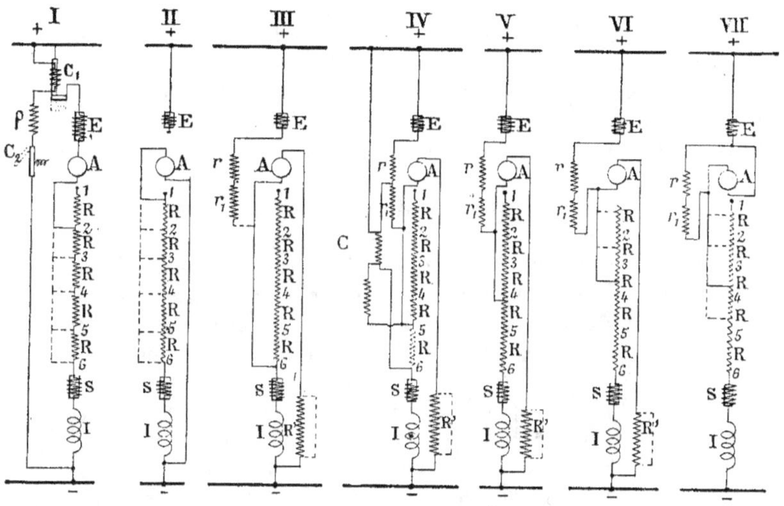

Fig. 15.

l'interrupteur d'arrêt en fin de course avec résistance de protection ρ. En II nous avons les positions pour l'arrêt à la montée, E est désamorcé et le frein se serre, les connexions entre A et I étant inversées, le moteur freine à la montée, et cela plus ou moins vite, suivant qu'on intercale ou non les résistances R.

En III tout est disposé pour la descente freinée. A et I sont connectés pour fonctionner en génératrice à la descente, E est soulevé et I reçoit du courant du réseau.

En IV, r_1 est court-circuitée, à l'aide d'un contact spécial destiné à faire produire à l'extérieur les étincelles de rupture, le courant d'excitation est plus élevé, puis en V et VI on rétablit r_1 et on fait varier R. La position III où l'induit est réuni directement aux bornes de l'inducteur correspond à la vitesse minimum. Lorsque sur une de ces positions la force contre-électromotrice de l'induit atteint la tension du réseau, le courant cesse dans Er_1, et le frein se serre en arrêtant le moteur. Pour reprendre la descente, il faut revenir à la position, initiale III, pour que l'électro s'amorce.

En VII, on a les connexions pour la descente sous courant où r_1 et r_2 sont mis en parallèle avec A. R′ est une résistance de protection qui se trouve toujours interposée pour le passage de la descente sous courant à la descente freinée, et qu'on circuite pendant celle-ci.

On remarquera ici le dispositif particulier qui fait qu'à la descente freinée A est toujours en parallèle avec le réseau, et par suite de quoi E fonctionne dès que la vitesse atteint sa limite.

Ascenseurs et monte-charges

Les ascenseurs et monte-charges ne diffèrent mécaniquement qu'en ce qu'il faut, dans les premiers, beaucoup plus de régularité et de précision de manœuvre que dans les seconds. Il nous suffira donc d'étudier les ascenseurs, on en déduira facilement, par simplification, comment doivent être organisés les monte-charges.

Nous laisserons de côté les ascenseurs hydro-électriques, dans lesquels l'électricité ne sert qu'à actionner une pompe remontant, dans un réservoir supérieur, l'eau qui a servi à faire fonctionner un ascenseur hydraulique ordinaire. Aux fuites près, la même eau sert indéfiniment, et l'économie réalisée sur sa consommation compense largement, dans beaucoup de villes, les frais de pompage.

Un ascenseur se compose d'une cabine guidée, dans son mouvement vertical, à l'intérieur de sa cage. Elle est suspendue à une chaîne sur laquelle agit un treuil mû par moteur électrique. Dans tous les ascenseurs modernes la cabine est équilibrée, c'est-à-dire qu'elle est suspendue à une seconde chaîne qui passe sur une poulie placée à la partie supérieure de la cage, et porte un contrepoids se déplaçant dans une gaine verticale située le long de la cage. Ce contrepoids équilibre le poids de la cabine P, plus la moitié de la charge p que doit recevoir normalement l'appareil.

Les avantages qui résultent de l'équilibrage sont les suivants : si h est la hauteur totale de course, t la durée de l'ascension, ρ le rendement total (moteur-treuil-transmission), pour un appareil non équilibré la montée en charge consommera un travail :

$$\frac{(P+p)\,h}{\rho}$$

et la puissance moyenne consommée sera :

$$\frac{(P+p)\,h}{\rho t}.$$

A la montée à vide il faudrait encore fournir une puissance $\dfrac{Ph}{\rho}$, et il serait nécessaire de freiner à la descente.

Pour un appareil équilibré, le travail consommé n'est plus que :

$$\frac{ph}{2\rho}$$

et la puissance nécessaire :

$$\frac{ph}{2\rho t}:$$

la descente à vide consomme le même travail, et doit se faire avec moteur, pour celle en charge la descente se fait sous l'action de l'excès de poids $\dfrac{p}{2}$, s'il est suffisant pour vaincre les résistances passives.

Le rapport des puissances nécessaires est donc :

$$\frac{p}{2\,(P+p)}$$

et l'économie relative :

$$\frac{P+p-\dfrac{p}{2}}{P+p}=\frac{P+\dfrac{p}{2}}{P+p}.$$

Si nous prenons un appareil moyen, où $P = 1.000$ kilogrammes, $p = 500$ kilogrammes, on aura :

$$\frac{p}{2\,(P+p)}=\frac{1}{6},$$

$$\frac{P+\dfrac{p}{2}}{P+p}=\frac{5}{6}=83\ \%.$$

En supposant $t = 20$ secondes, $h = 10$ mètres, $\rho = 0,5$, il faudrait pour l'ascenseur non équilibré un moteur de 20 chevaux, avec l'ascenseur équilibré il suffit de 3,3 chevaux.

On a encore l'avantage que le moteur étant moins puissant, il se produira au démarrage un moins grand appel de courant et, par suite, il n'y aura que peu de perturbations sur le réseau; le démarrage se fera aussi plus rapidement et plus régulièrement. Les organes ayant une masse plus faible, les arrêts se feront plus commodément et, avec plus de précision.

Les vitesses d'ascension sont comprises entre 0^m30 et 1^m50 par seconde, les charges varient en général de 300 à 1.000 kilogrammes, avec des charges à moitié équilibrées, et un rendement de 50 % environ. Il faut compter à peu près sur les puissances suivantes pour soulever, aux diverses vitesses, les charges indiquées au tableau ci-dessous :

Vitesses par seconde	500 kilogs	1.000 kilogs	1.500 kilogs
m	chvx	chvx	chvx
0,50	3,30	6,60	10
1,00	6,60	13,20	20
1,50	10,00	20,00	30

Remarque. — Avec un rendement de 0,50, le treuil est irréversible et la moitié de la puissance nécessaire, dans un sens comme dans l'autre, pour faire fonctionner l'appareil.

Nous donnons, d'après M. Pacoret, le tableau ci-dessous qui indique les conditions économiques de fonctionnement des principaux types d'ascenseurs à Paris :

Nature de l'ascenseur	Prix de premier établissement	Prix d'une ascension de 20 mètres	Intérêt à 4 % des frais de premier établissement	Prix de 9.000 ascensions par an	Entretien annuel complet	Total des frais annuels
	frs	cent.	frs	frs	frs	frs
Aéro-hydraulique à compteur de volume........	11.600.»	3,44	464. »	310. »	300. »	1.074. »
Aéro-hydraulique à compteur de parcours	11.200.»	6,72	448. »	560. »	300. »	1.308. »
Électrique à courant continu................	8.000.»	1,61	320. »	145. »	300. »	765. »
Électrique à courant alternatif............	8.200.»	2,60	328. »	180. »	300. »	808. »

De ce tableau, il ressort que l'emploi de l'électricité se présente d'une façon très avantageuse pour la commande des ascenseurs, situation qui ne pourra que s'améliorer encore, avec les diminutions qui se font sur le prix de l'énergie électrique.

Conditions de sécurité à remplir par les ascenseurs. — Les conditions imposées à Paris sont les suivantes :

Les ascenseurs doivent être munis de dispositifs tendant à éviter toute dérive, tout excès de vitesse, et à assurer la précision des arrêts de fin de course, en fonctionnant automatiquement et indépendamment du système de manœuvre. Les câbles, leurs attaches, les diverses parties du moteur doivent offrir individuellement toute garantie de résistance, et les rayons d'enroulement des câbles doivent être assez grands pour ménager leur fatigue. L'arrêt automatique du moteur doit entrer en jeu, dès que le câble prend du mou.

L'isolement doit être parfait pour tous les appareils susceptibles de se trouver en communication avec les conducteurs de courant, et on doit ménager une grande surface de contact à la terre pour le treuil et les guidages, de façon à éviter toute différence de potentiel entre eux et les objets environnants.

Les ascenseurs manœuvrés par les voyageurs doivent comporter des condamnations de manœuvre disposées à tous les étages, de façon que, si l'une quelconque des portes ou grilles palières ne se trouve pas exactement fermée, la mise en mouvement de l'ascenseur ne puisse avoir lieu, tout en laissant l'arrêt néanmoins toujours possible. Chaque condamnation de manœuvre doit entrer en jeu par un minime déplacement de la porte ou de la grille palière, avant que le pêne de la serrure de sûreté cesse d'être en position de venir en prise avec sa gâche. Il faut encore que l'entre-bâillement d'une quelconque des portes ou grilles palières arrête, automatiquement et instantanément, tout mouvement de l'ascenseur, même en mouvement commencé. Il faut que la mise en montée ne puisse avoir lieu qu'après la fermeture de la porte de la cabine, et que l'ouverture de cette porte arrête automatiquement l'ascension.

Le mécanisme de la commande doit être tel, que la manœuvre automatique d'arrêt ne puisse en aucun cas produire une chasse de ce mécanisme, par suite de laquelle l'arrêt serait suivi d'un démarrage intempestif. Il est essentiel que sur les boîtes à toc commandant les arrêts automatiques aux étages, les poussoirs soient numérotés uniformément de gauche à droite et de bas en haut, très visiblement. Enfin, il est bon que l'ouverture de la porte ne puisse faire manquer un arrêt.

A ces conditions impératives, il faut ajouter celles de bon emploi : arrêt doux et précis juste à hauteur des étages ; démarrage rapide.

Nature du moteur. — A cause de la grande régularité de manœuvre demandée, et parce que la vitesse doit être la même à vide ou sous une charge quelconque, le moteur shunt est tout indiqué pour la conduite des ascenseurs. Pour les immeubles très élevés, et lorsqu'on veut avoir un grand débit, il y a avantage à utiliser des moteurs compound additionnels, de manière à obtenir un démarrage rapide. En courant triphasé, on emploiera des moteurs asynchrones. Pour le courant alternatif simple, on utilisera les moteurs à collecteur, avec réglage de vitesse par variation du calage des balais.

Attaque du treuil. — Le moteur attaque le plus souvent le treuil par vis sans fin avec réducteur de vitesse, la vis étant accouplée au moteur par lien élastique. On la munit souvent de paliers à butée à billes, ce qui diminue beaucoup les frottements.

L'attaque directe, qui se fait surtout pour les bâtiments très élevés, est plus simple que celle à vis, mais elle demande une installation électrique un peu plus complexe, la régulation du moteur devant être faite avec grand soin.

Pour leur donner une bonne fondation, et les soustraire aux vibrations, le treuil et le moteur sont placés à la partie inférieure de la cage de l'ascenseur.

Le treuil est toujours muni d'un frein électromagnétique, fonctionnant par cessation du passage du courant, ce qui est indispensable pour la sécurité.

Commande des ascenseurs. — La commande d'un ascenseur ne comprend jamais qu'une manœuvre simple : celle d'un commutateur envoyant le courant dans le sens convenable pour produire la montée ou la descente, ou le coupant pour l'arrêt. Le démarrage, la mise en vitesse se produisent ensuite automatiquement, ainsi que l'arrêt.

La figure 16 donne une idée du schéma de montage de la manœuvre automatique, dans le cas le plus général, avec moteur compound. L'inverseur I permet d'envoyer le courant, dans un sens ou dans l'autre, à travers l'armature A pour obtenir la montée ou la descente. On envoie ainsi le courant à travers les résistances de démarrage R et l'inducteur série S, en même temps on excite l'enroulement série F_1 et l'enroulement dérivation F_2 du frein électromagnétique. Les interrupteurs 1, 2, 3, 4, 5 court-circuitent successivement les résistances R et finalement l'excitation série S. L'excitation dérivation est toujours maintenue en service, pour fournir le flux nécessaire au freinage électrique, l'interrupteur e court-circuite au repos la résistance ρ qu'il met en service ensuite pour accroître la vitesse. Au repos l'induit est fermé sur les résistances r qui absorbent l'énergie dans le freinage électrique et que les interrupteurs a court-circuitent successivement.

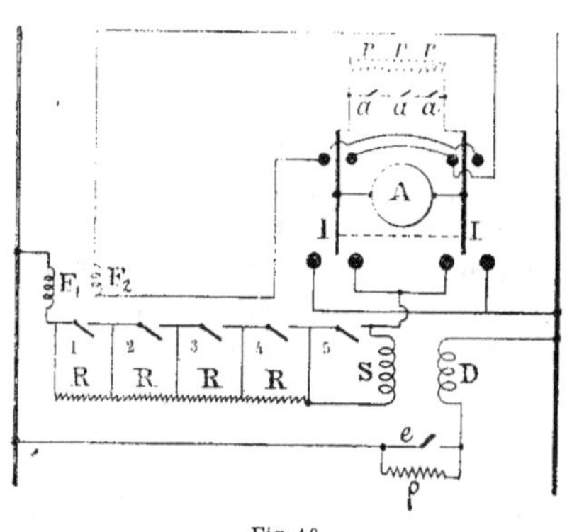

Fig. 16.

L'emploi des deux excitations pour l'électro-frein se justifie par le fait qu'au démarrage, l'intensité est très grande dans F_1, qui est en série, alors que la tension aux bornes de F_2, égale à celle aux bornes de A, est très petite. Puis l'intensité dans F_1 décroît alors que la tension à laquelle est soumise F_2 croît, l'action des deux électros conserve donc une valeur suffisante pour maintenir le frein levé.

Les interrupteurs 1, 2, 3, 4, 5, a, a, a sont commandés quelquefois par le jeu d'un régulateur à force centrifuge, qui les met en service dès que la vitesse atteint une certaine valeur. Le plus souvent, ce sont des contacteurs commandés par électro-aimants. Les bobines de ceux-ci peuvent être montées en dérivation sur le rhéostat de démarrage, ils agissent alors au fur et à mesure que, le moteur acquérant de la vitesse, la différence entre la force contre-électromotrice de l'induit et la tension du réseau va en diminuant. On peut aussi les placer

en série avec l'induit, leur fonctionnement dépend alors de la baisse
d'intensité qui se produit, au fur et à mesure du démarrage. Ce dernier
procédé donne une régulation plus à l'abri des variations de tension
qui se produisent toujours sur le réseau.

L'interrupteur *e* peut être manœuvré automatiquement par le
fonctionnement même du moteur, il peut l'être aussi à partir de
la cabine. C'est le cas lorsqu'on veut avoir deux vitesses d'ascension :
l'une pour les montées d'étage à étage, l'autre plus rapide pour fran-
chir plusieurs étages d'un seul coup.

Le freinage électrique dans les ascenseurs ne sert pas à les retenir
à la descente, puisque les moteurs employés ne peuvent tourner à
une vitesse supérieure à celle qui correspond à la tension du réseau ;
on l'utilise pour amortir le mouvement des masses en rotation, du
treuil et du moteur, au moment des arrêts, de manière à permettre
un blocage rapide par le frein électromagnétique donnant l'arrêt,
exactement à l'étage voulu. Pour les ascenseurs à petite et moyenne
vitesses, on peut se dispenser du freinage électrique.

Le dispositif de manœuvre varie, suivant que l'ascenseur doit être
accompagné ou non.

Dans les premiers, un conducteur est chargé de la manœuvre de
l'ascenseur, qu'il met en marche et arrête aux étages voulus. Les
ascenseurs accompagnés permettent un grand débit, car ils peuvent
marcher à grande vitesse, le conducteur, lorsqu'il est bien exercé,
arrivant à une très grande rapidité d'arrêt.

La manœuvre des ascenseurs accompagnés se fait de la cabine soit
mécaniquement, soit électriquement. Dans le premier cas, une corde
courant du haut en bas de la cage et traversant la cabine, aboutit à
l'inverseur-démarreur ; en tirant dessus dans un sens ou dans l'autre
on provoque la montée ou la descente, en exerçant une traction
moyenne, on ramène l'appareil au zéro et on arrête la cabine. On peut
aisément combiner le controller de manière à avoir plusieurs vitesses
de marche, qu'on obtiendra en tirant plus ou moins longuement
sur la corde.

Un des inconvénients du système à commande mécanique est qu'il
est difficile d'assurer toutes les conditions de sécurité, les enclanchements nécessaires devant se faire avec des courants d'assez forte

intensité actionnant les moteurs ; il faut en outre avoir une grande habitude pour les conduire. Avec la commande électrique, la manœuvre se fait au moyen de relais commandés par un courant de faible intensité (quelques dixièmes d'ampères), il est donc facile de réaliser les enclanchements. Par exemple, le circuit traversera en série des contacts dont seront munies les portes palières, de manière que toutes doivent être fermées pour que le courant puisse passer, et l'ascenseur se mettre en marche. L'ouverture d'une de ces portes, rompant le courant, provoquera l'arrêt immédiat de la cabine. La manœuvre se faisant au moyen de la manette d'un commutateur, on en sera plus facilement maître.

Comme exemple, nous donnons (fig. 17), le schéma d'un ascenseur

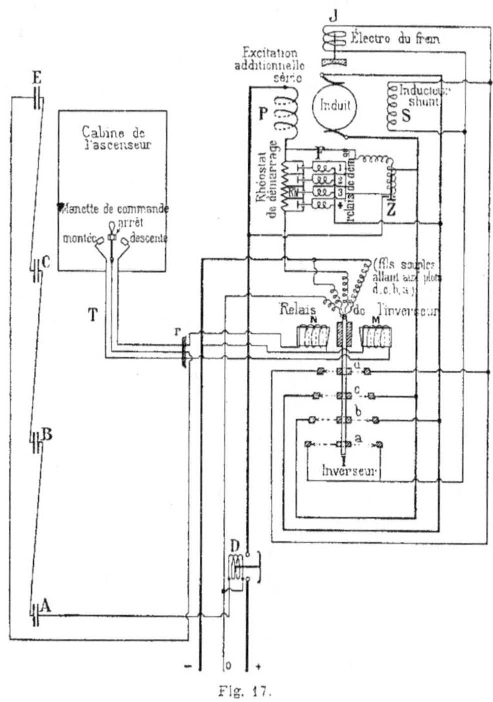

Fig. 17.

système Pifre commandé par relais, à partir de la cabine (la figure se rapporte à une distribution à trois fils).

L'organe de manœuvre dans la cabine est un commutateur à trois plots, relié par un câble souple à trois conducteurs à la canalisation. Le conducteur correspondant au plot central traverse toutes les gâches des portes palières. Suivant qu'on met la manette sur un des plots extrêmes, montée ou descente, on envoie le courant dans un des électros M ou N de l'inverseur placé à côté du moteur.

En basculant, l'inverseur réunit à la distribution dans le sens voulu, les bornes d'induit et, toujours dans le même sens, l'inducteur shunt et l'électro du frein électromagnétique. Le moteur se met en marche en compound, les électros F branchés en dérivation aux bornes de l'induit court-circuitent, au fur et à mesure que la force contre-électro-motrice s'élève, les résistances de démarrage, et, finalement, l'électro Z court-circuite l'excitation série. Pour l'arrêt, on ramène la manette sur le plot d'arrêt et le courant étant rompu, l'interrupteur général D ouvre le circuit du moteur et du frein électro-magnétique, celui-ci serre et provoque l'arrêt ; l'inverseur de marche est ramené à sa position moyenne.

On remarquera que l'induit est branché sur l'ensemble des deux ponts, le circuit de l'inducteur et du frein sur l'un d'eux, et celui du relais sur l'autre.

Dans les ascenseurs non accompagnés, cas des maisons particulières, la mise en route et l'arrêt automatique, à l'étage voulu, se font par la manœuvre d'un simple bouton correspondant à cet étage.

A titre d'exemple, nous dirons quelques mots de l'ascenseur *Stigler*, représenté schématiquement sur la figure 18, dans le cas d'une distribution à trois fils. Le moteur est branché sur les deux fils extrêmes, le circuit de commande sur un des ponts. La marche, dans un sens ou dans l'autre, est commandée par l'inverseur I actionné par les électros R et S, branchés sur le circuit de commande. La manœuvre du rhéostat de démarrage se fait par l'action du régulateur à boules p, monté sur l'arbre du moteur. Le frein électromagnétique est excité en même temps que le moteur.

La cabine est reliée à la distribution par un câble souple à 3 paires de conducteurs ; les deux plus à droite (bornes O et +) servent à l'éclairage de la cabine (lampe L, interrupteur E). Dans la cabine nous

trouvons une série de boutons B_1, B_2..., à raison de un par étage, qui,
lorsqu'ils sont poussés, ferment le circuit entre les bornes 4 et 5 de
la cabine ; 4 est reliée à une des extrémités de l'électro de montée S.
Entre les poussoirs et la borne 5, nous rencontrons d'abord l'interrupteur c, qui ne laisse passer le courant que si la porte de la cabine

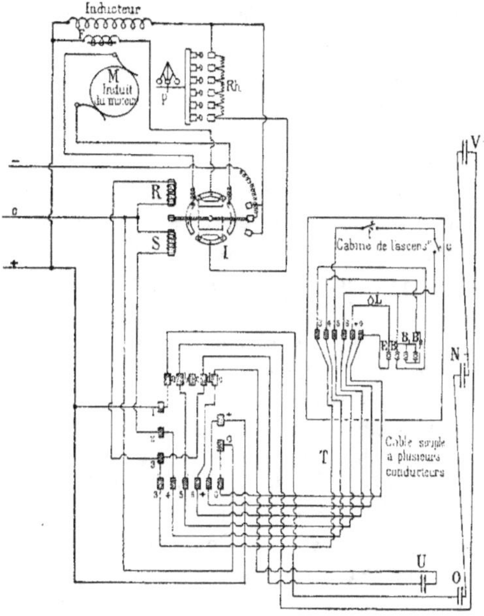

Fig. 18.

est fermée, f qui n'est fermé que si le câble est tendu ; nous arrivons
ensuite à la borne fixe 5 reliée avec celle b, qui nous mène au conducteur aboutissant à a après avoir traversé les serrures des portes
palières ; de a nous aboutissons en 1 au + du pont. La manœuvre
du poussoir a donc eu pour résultat de lancer le courant dans l'électro S, qui mettra l'inverseur dans la position de montée. Arrivé à
l'étage qui correspond au poussoir sur lequel on a agi, une butée
fixe fait ressortir celui-ci, et le courant dans S est interrompu ; l'inverseur revient au zéro provoquant le fonctionnement du frein,
l'interruption du courant et, par suite, l'arrêt du moteur.

Pour la descente, à partir de la cabine on agit sur le poussoir B qui est en dérivation entre les bornes 5 et 3, laquelle est réunie à l'extrémité de l'électro-aimant R ; c'est donc celui-ci qui est excité et produit la manœuvre de l'inverseur nécessaire pour la descente ; l'arrêt est fait comme précédemment. On peut produire la descente de l'extérieur de la cabine, en agissant sur le bouton U monté en dérivation entre la borne 3 d'une part, et la borne 5 d'autre part, par l'intermédiaire d'un cordon souple.

Ascenseurs triphasés. — La manœuvre rhéostatique se fait de la même façon qu'on vient de l'exposer pour les ascenseurs à courant continu.

Ascenseurs à moteurs Deri. — Dans ces moteurs alternatifs monophasés à collecteur, la variation de la vitesse s'obtient par celle du calage des balais. Pour les petits moteurs, la corde ou le relais de manœuvre agit directement sur les balais pour les décaler progressivement de 120°, en même temps qu'elle produit la fermeture du circuit du stator.

Pour les moteurs plus puissants, on utilise un moteur auxiliaire monté en cascade sur le moteur principal, de façon que la différence de potentiel entre les prises soit maximum, pour le décalage nul. La manœuvre a pour effet de fermer le courant du stator. Le moteur auxiliaire démarre en décalant les balais, dès qu'ils ont atteint la position voulue, la différence de potentiel aux bornes du moteur auxiliaire est nulle, et celui-ci s'arrête.

La manœuvre d'arrêt provoque le fonctionnement du frein qui en même temps tire sur une corde, celle-ci sépare le moteur auxiliaire des porte-balais, et ceux-ci sont ramenés au zéro, sous l'action d'un contrepoids. Lorsque le frein se desserre pour le fonctionnement, le moteur est remis en prise avec les balais.

Un régulateur à force centrifuge, mû par le moteur principal, met automatiquement en court-circuit les deux lignes de balais du rotor, lorsque sa vitesse atteint une valeur voisine du synchronisme ; le moteur devient alors un moteur à cage d'écureuil, dont la vitesse reste sensiblement constante.

Dispositifs de sécurité divers. — On doit disposer, sur les circuits de commande, des interrupteurs provoquant l'arrêt aux fins de course (haut et bas de la cage d'escalier). En outre de ces interrupteurs sur la commande, il faut en placer sur le circuit principal, qui soient manœuvrés par le treuil lui-même, de manière qu'on arrête sûrement l'appareil à un bout comme à l'autre. Il est bon de prévoir aussi un interrupteur sur le circuit principal, pour couper le courant en cas de rupture du câble.

Si la porte de la cabine ne doit être ouverte que lorsque le moteur est arrêté, on la verrouillera avec un électro-aimant commandé par un relais actionné par l'électro de frein, de telle sorte que le courant ne passe, et, que l'ouverture ne soit possible, que quand le frein est serré.

Ascenseur d'Œrlikon. — Dans cet ascenseur (fig. 19), le moteur est placé sous la cabine, et actionne un train d'engrenages en prise

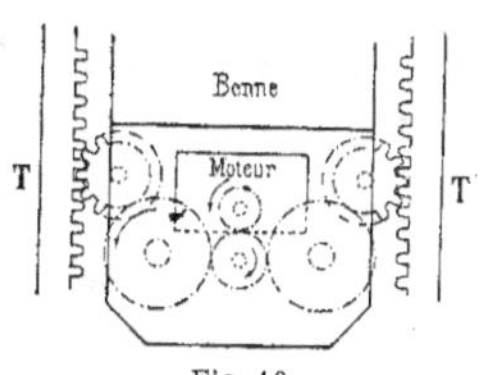

Fig. 19.

sur des crémaillères placées le long des guidages verticaux ; il n'y a donc plus ni treuil ni câbles. Le courant est amené par des contacts glissants.

Remarque. — Une des grosses difficultés qu'on rencontre pour l'arrêt automatique exact des ascenseurs, provient des variations continuelles de tension des réseaux ; aussi, dans beaucoup de cas, intercale-t-on en série avec le moteur, avant l'arrêt, des résistances qui le rendent insensible à ces variations, et permettent par suite un réglage précis à l'arrêt.

On emploie aussi des freins doubles : le premier agit un peu avant l'arrêt, le courant étant coupé, de manière à réduire la vitesse très sensiblement sans l'annuler ; le second produisant ensuite un serrage énergique au moment voulu, produit l'arrêt au point précis.

Ponts roulants

Le pont roulant est l'engin par excellence des manutentions à l'intérieur d'un atelier, dont il permet de servir tous les points. Rappelons seulement qu'il se compose d'un treuil, pouvant se mouvoir sur une travée métallique portée par des galets, qui roulent sur des rails fixés à la partie supérieure de l'atelier. Quelquefois, le chariot porte seulement une poulie de renvoi, le treuil étant fixe sur le pont. L'électrification des ponts roulants donne, à ces appareils, toute la souplesse qui est nécessaire à leur bon service.

On a, dans un pont roulant, trois mouvements à obtenir : le soulèvement de la charge, le mouvement de translation du chariot et celui du pont. On a quelquefois employé, pour produire ces mouvements, un seul moteur les commandant par embrayage à friction. La pratique la plus courante actuelle, est d'affecter un moteur à chaque mouvement. A titre d'indications relatives aux puissances mises en jeu dans ces appareils, nous donnons ci-dessous les caractéristiques de quelques ponts roulants, construits par les Ateliers de Constructions Électriques du Nord et de l'Est à Jeumont.

Charge soulevée	Vitesse de levage par minute	Vitesse de translation du chariot à la minute	Vitesse de translation du pont à la minute	Puissance du moteur de levage	Puissance du moteur de translation du chariot	Puissance du moteur de translation du pont
tonnes	mètres	mètres	mètres	chevaux	chevaux	chevaux
1	6,00	à la main	30	2	—	$\frac{1}{4}$
3	2,50	30	60	4	1	4
5	4,00	30	50	6	1	4
6	2,50	20	50	10	2	6
8	1,80	20	40	6	6	6
10	2,40	40	60	10	5	5
12	1,75	30	40	6	1	1
15	2,40	20	30	15	5	5
15	7,00	30	60	22	4	14
20	4,70	30	60	38	6	17
25	4 et 15	35	60	25 et 35	6	20
30	3,00	25	50	27	7	16
35	2,00	20	50	24	9	24

Nature des moteurs. — Les moteurs de ponts roulants sont toujours cuirassés, c'est pourquoi on emploie toujours des moteurs série ; on n'a jamais à craindre d'emballement à cause des frottements dûs aux engrenages.

Attaque des mouvements par les moteurs. — Le treuil est attaqué par vis sans fin ou engrenages, les galets de translation du chariot par engrenages. Ceux de translation du pont sont réunis par un arbre d'accouplement, et menés par un moteur placé au milieu de la plate-forme du pont (fig. 20).

Amenée du courant. — Le courant est amené au pont par des frotteurs se déplaçant sur une canalisation placée parallèlement à la voie

Fig. 20. — Bulletin des Ateliers de Constructions électriques du Nord et de l'Est, à Jeumont (Nord).

Fig. 21. — Bulletin des Ateliers de Constructions électriques du Nord et de l'Est, à Jeumont (Nord).

de roulement. Il est conduit aux deux moteurs du chariot par des frotteurs, glissant sur des fils tendus le long du pont, et qu'on voit très nettement à l'intérieur des poutres, sur la figure 20.

Commandes du pont. — Pour les petits ponts, les commandes se font en agissant du sol sur des tirettes, qui actionnent un inverseur-démarreur, d'un principe identique à ceux que nous avons vu employer dans les appareils de levage précédents. Avec ce genre de commande, la vitesse de translation du chariot et du pont ne doit pas dépasser celle d'un homme au pas, pour que l'ouvrier chargé des manœuvres puisse suivre le pont.

Pour les ponts plus importants (fig. 21), et pour avoir des vitesses de translation plus grandes, le conducteur est placé dans une cabine suspendue au-dessous du pont, et, il a dans sa main tous les organes de commande. Ces organes sont des controllers à raison de un par moteur, nous ne reviendrons pas ici sur leur constitution. Dans la cabine, se trouve un petit tableautin avec appareils de mesure et de sécurité (fusibles, interrupteur général). Le pont et le chariot sont munis d'interrupteurs de fin de course, produisant automatiquement leur arrêt, lorsqu'ils arrivent à l'extrémité de leur parcours.

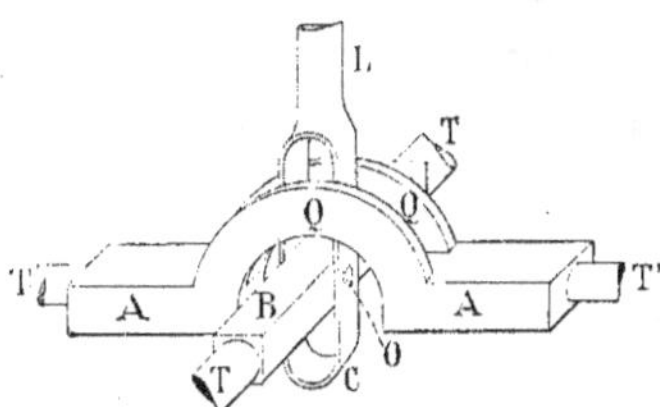

Fig. 22. — Bulletin des Ateliers de Constructions électriques du Nord et de l'Est, à Jeumont (Nord).

On réunit souvent les commandes des deux controllers de direction en une *commande universelle*. Le principe d'une telle commande est le suivant (fig. 22) : en poussant le levier de manœuvre L vers la gauche ou vers la droite, on fait tourner l'arbre B autour de ses tourillons T. Le levier L est fixé à cet arbre par la chape C, pouvant tourner autour de l'axe O fixé sur B, de direction perpendiculaire à celle de l'axe B, et situé sur l'axe du second arbre A. La chape, dans ce mouvement de bascule en avant ou en arrière du plan de figure, appuie sur les platines Q portées par A, et fait tourner celui-ci autour de ses tourillons T'T'. B est relié par des engrenages au premier controller, A de même au second (fig. 23). Le montage est fait de manière que les mouvements correspondent au sens du déplacement du levier. T'T' étant parallèle

par exemple à l'axe du pont roulant, le mouvement de L, en avant
ou en arrière du plan de la figure, produira la translation dans ce sens
du pont. En l'inclinant à gauche ou à droite, on provoquera le déplacement de ce côté du chariot.

Fig. 23.

Dans beaucoup de ponts destinés à un service fixe (ponts de fon-
derie, enfourneuses, etc.), un quatrième moteur, sert à produire un
mouvement particulier de la charge, par exemple le renversement
de la poche de coulée. Avec deux commandes universelles, le conducteur n'a besoin que de deux leviers pour conduire les quatre moteurs,
il a donc toujours ceux-ci en main, ce qui donne en même temps plus

6

de rapidité et plus de sécurité dans les manœuvres. On couple naturellement deux par deux, les mouvements qui doivent avoir lieu le
plus au voisinage l'un de l'autre.

Grues

Dans les grues, on a deux mouvements principaux à réaliser : celui
du levage de la charge, et celui de la rotation autour de l'axe vertical.
On peut avoir encore un mouvement pour faire varier l'inclinaison
de la flèche, et pour les grues mobiles pour les déplacer sur une voie
de roulement. Mais l'on emploie rarement ces mouvements sous
charge, ils ne servent qu'à installer la grue de la façon la plus convenable au commencement d'une manutention, le premier en réglant
le rayon d'action de l'appareil, le second en l'amenant au point voulu.

Presque toujours, on emploie deux moteurs séparés pour produire
le levage et l'orientation, en les commandant souvent par une commande universelle, le conducteur suit alors avec l'extrémité de son
levier les mouvements du crochet.

Pour le levage on emploie des moteurs série ; une des difficultés
rencontrées dans cette application consiste en ce que la grue est un engin
de manipulations rapides, demandant un grand nombre de mises en
marche et d'arrêts successifs. On a donc constamment à vaincre les
effets d'inertie, c'est pourquoi l'on emploie
des moteurs tournant lentement ; la Maison
Schuckert est allée jusqu'à l'emploi de moteurs ne tournant qu'à 170 tours.

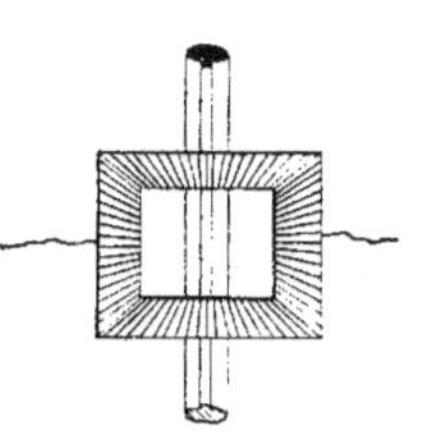

Fig 24.

On a proposé, pour avoir un mouvement
rapide sans grande inertie, l'emploi des trains
différentiels. L'inducteur et l'induit peuvent
tous les deux tourner autour de leur axe
commun, et attaquent chacune un des en-
grenages d'un différentiel (fig. 24) dont le satellite porte la couronne
dentée menant le treuil. Soit ω_1 la vitesse angulaire de l'inducteur,
ω_2 celle de l'induit, ω celle de la couronne, on a :

$$\omega = \frac{\omega_1 + \omega_2}{2}.$$

Mais si Ω est la vitesse relative de l'induit par rapport à l'inducteur, c'est-à-dire la vitesse qu'on considère habituellement :

$$\Omega = \omega_1 - \omega_2.$$

1º Bloquons le treuil au moyen d'un frein pour l'arrêt ; on a :

$$\omega = 0$$
$$\omega_1 = - \omega_2 = \frac{\Omega}{2} ;$$

l'induit et l'inducteur tournent en sens inverse l'un de l'autre avec la vitesse $\frac{\Omega}{2}$;

2º Pour marcher dans un sens on bloque avec un frein l'inducteur, par exemple, en même temps qu'on libère le treuil ; on a alors :

$$\omega_1 = 0$$
$$\omega = \frac{\omega_2}{2} = - \frac{\Omega}{2} ;$$

3º Si, au contraire, on bloque l'induit, on a :

$$\omega_2 = 0$$
$$\omega = \frac{\omega_1}{2} = \frac{\Omega}{2}.$$

La machine tourne en sens inverse. La manœuvre ici ne comporte plus aucune action sur les dispositifs électriques, il n'y a donc pas d'appels de courant, ni de surintensités. L'inertie est diminuée aussi puisque les changements de vitesse n'atteignent que la valeur $\frac{\Omega}{2}$ au lieu de Ω.

Très souvent, la descente sous charge se fait sous la seule action de la pesanteur, on la modère avec un frein mécanique que manœuvre un levier spécial.

Le tableau ci-dessous indique, pour un rendement de 0,50 pour les transmissions, la puissance nécessaire pour les diverses charges, aux différentes vitesses de levage :

Charges	Vitesse de levage en mètre par seconde			
	0,10	0,25	0,50	1,00
kgs	kgm.	kgm.	kgm.	kgm.
500	100	250	500	1.000
1.000	200	500	1.000	—
5.000	1.000	2.500	—	—
10.000	2.000	—	—	—
20.000	4.000	—	—	—

La vitesse de rotation de la grue varie de 1ᵐ20 à 2ᵐ50 par seconde à l'extrémité de la volée, la rotation complète dure de 30 secondes à 1 minute. Le moteur agit sur un tourteau de grand diamètre fixé sur l'appui de la grue. Sa puissance est en moyenne égale au 1/4 de celle du moteur de levage.

Les moteurs sont alimentés par bagues et frotteurs montés sur l'arbre de la grue, car ils tournent généralement avec elle et servent en partie à équilibrer le poids.

Grues de port. — Les grues sont surtout employées dans les ports pour le chargement et le déchargement des bateaux. Elles s'y présentent le plus souvent sous la forme de grues à portique, c'est-à-dire qu'elles sont placées sur un portique pouvant se déplacer le long des quais (fig. 25), et laissant sous lui un passage pour les wagons situés sur la voie de quai. Lorsque les quais sont bordés de bâtiments, on emploie souvent les grues à demi-portique (fig. 26), celui-ci prenant appui par une de ses extrémités sur une voie fixée contre la façade du bâtiment.

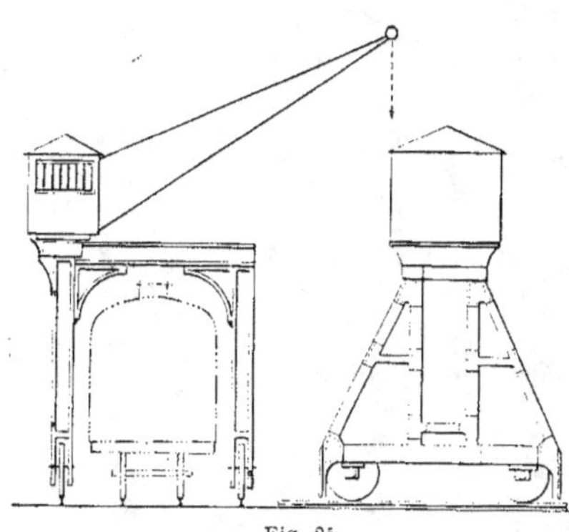

Fig. 25.

L'ensemble des grues d'un grand port représente une consommation d'énergie nécessitant, pour réaliser une organisation économique, une distribution complète de force à partir d'une usine centrale. Deux systèmes sont en présence : l'électricité et l'eau sous pression.

A pleine charge, le rendement des grues hydrauliques est meilleur que celui des grues électriques, mais la consommation d'eau reste la même quelle que soit la charge, alors que celle d'électricité lui est proportionnelle, de sorte qu'en fin de compte le rendement moyen est meilleur pour l'électricité.

Les installations électriques, pour la plupart aériennes, sont beaucoup

Fig. 26.

plus économiques que les canalisations hydrauliques, elle se prêtent mieux aux modifications et aux remaniements ultérieurs.

L'hydraulicité donne des arrêts et des démarrages plus rapides et plus précis, mais on obtient néanmoins des résultats très satisfaisants avec l'électricité.

Les grues hydrauliques se déplacent difficilement, le raccord par tuyau flexible avec la canalisation est toujours un point faible; avec les grues électriques on a des déplacements faciles, et une alimentation commode.

Les conditions d'ensemble d'une installation de grues dans un port se rapprochent beaucoup de celles des réseaux de traction (nombreux démarrages, etc.). C'est pourquoi le plus souvent on les fait en courant continu à 500 volts, avec batterie d'accumulateurs à la centrale ou aux sous-stations. Néanmoins, on a obtenu de bons résultats avec les courants alternatifs, le moteur asynchrone permettant de faire freinage à la descente, avec récupération.

Une des difficultés qu'on rencontre, est l'organisation de la prise de courant pour la grue. On peut rarement la faire par trolley, l'installation des fils de travail étant difficile, sauf toutefois pour les grues à demi-portique où l'on peut les placer contre les murs des bâtiments. L'établissement d'un caniveau souterrain ne semble pas pratique, non seulement à cause de son prix de revient élevé, mais encore parce que les débris des matières déchargées, les poussières de minerais surtout, en rendent l'entretien difficile et causent de nombreuses pertes.

Aussi emploie-t-on le plus souvent des bornes de prise de courant reliées au portique par un câble souple, qu'un tambour maintient constamment tendu. Ce câble doit être suffisamment long, pour que la grue soit alimentée quand elle se déplace d'une borne à l'autre. La construction de ces bornes, placées de distance en distance, doit être très soignée pour éviter toute perte due aux défauts d'isolement, en cas de pluie ou de fonte des neiges.

Grues chevalets. — Une grue chevalet est un véritable pont roulant, destiné à desservir un chantier à l'air libre. Il se compose d'une charpente sur laquelle roule un chariot porte-treuil, cette charpente est supportée par deux pylônes reposant, par des roues ou des boggies, sur une voie s'étendant d'un bout à l'autre du chantier.

Les mouvements à réaliser sont les mêmes que pour les ponts roulants, mais il faut tenir compte de l'action du vent, et l'on prévoit souvent deux vitesses de marche dont la plus petite, correspondant au plus grand effort, sert à avancer contre le vent. La prise de courant se fait par frotteurs et fils aériens.

CHAPITRE IV

Applications industrielles
des électro=aimants

L'utilisation des électro-aimants a été la première application mécanique de l'électricité, elle en constitue encore une des plus importantes. Les emplois de l'électro-aimant sont des plus nombreux. Toutes les fois qu'on n'a besoin de ne mettre en jeu que de faibles énergies, l'électro-aimant est usité. C'est ainsi que nous le voyons utilisé dans la télégraphie, la distribution de l'heure par l'électricité. La précision avec laquelle l'action due au courant peut être équilibrée par une action antagoniste (ressort, contrepoids, etc...), fait de l'électro-aimant le régulateur automatique, et l'appareil de sécurité par excellence : régulateurs de lampes à arc, conjoncteurs, disjoncteurs, etc... Son emploi comme relais, permettant de fermer ou d'ouvrir à distance des circuits où doivent passer de fortes intensités, ou qui doivent être soumis à de hautes tensions, est universellement répandu, et en fait l'instrument par excellence des commandes à distance. Envisager toutes les applications de l'électro-aimant, c'est donc examiner pour ainsi dire toutes celles de l'électricité. Nous ne considérerons ici, que les plus importantes de celles de ces applications, où l'électro-aimant joue le rôle principal.

Force attractive d'un électro-aimant

L'électro-aimant agissant par attraction, il est indispensable de pouvoir établir la valeur de cette attraction. Il faut envisager deux cas, suivant que l'armature est au contact des noyaux, ou en est à distance.

Force portante d'un électro-aimant. — Lorsque l'armature est au contact des noyaux, l'attraction exercée sur elle est égale au poids de la charge qui pourrait être supportée par l'électro, d'où le nom de *force portante*, donnée à cette attraction. On peut la calculer de la façon suivante :

On sait, que si un circuit magnétique homogène est le siège d'un flux magnétique pour lequel l'induction est $\mathcal{B}$ et la perméabilité μ, et qu'il éprouve une variation de volume $d\mathrm{V}$, il en résulte pour le système une variation d'énergie :

$$\frac{\mathcal{B}^2}{8\mu\pi}\, d\mathrm{V}.$$

Considérons (fig. 27) un électro-aimant ; soient s la surface de la section de chaque pôle, F la valeur de la charge ou de la force portante, $\mathcal{B}$ l'induction. Supposons que sous l'action de cette force, l'armature se déplace dans sa direction d'une quantité infiniment petite dx, ce qui ne modifiera pas l'induction. On créera ainsi un petit entrefer de longueur dx correspondant à une augmentation de longueur $\mu\, dx$ du fer, et par conséquent à une variation $2\,\mu\, \mathrm{S} dx$ du volume du fer. Le travail dû au

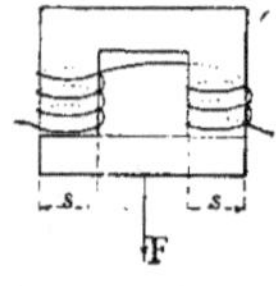

Fig. 27.

déplacement de F est Fdx, il est égal à la variation d'énergie du circuit magnétique, soit à :

$$\frac{\mathcal{B}^2}{8\mu\pi} \times 2\mu\mathrm{S}dx = \frac{2\mathcal{B}^2\mathrm{S}}{8\pi}\, dx.$$

On a donc :

$$\mathrm{F}dx = \frac{2\mathcal{B}^2\mathrm{S}}{8\pi}\, dx,$$

d'où :

$$\mathrm{F} = \frac{2\mathcal{B}^2\mathrm{S}}{8\pi}.$$

D'où, pour la force portante par unité de la section totale des deux pôles :

$$f = \frac{\mathrm{F}}{2\mathrm{S}} = \frac{\mathcal{B}^2}{8\pi};$$

f est ici en dynes par centimètre carré, sa valeur en kilogrammes par centimètre carré sera donc :

$$f = \frac{\mathcal{B}^2}{8\pi \times 981000} = \text{approximativement } 10 \times \left[\frac{\mathcal{B}}{16.000}\right]^2$$

pour $\mathcal{B} = 16.000$, $f = 10$ kilogrammes par centimètre carré.

Cette formule, due à Maxwell, montre que la force portante croît comme le carré de l'induction. Il y a donc lieu d'adopter pour celle-ci des valeurs élevées, mais pour ne pas avoir besoin de trop d'ampères-tours, on n'admettra ces valeurs que pour les pièces polaires qui seront étranglées *en forme d'isthme*.

Pour un électro donné, la courbe de magnétisme nous fournit (fig. 28) la valeur de $\mathcal{B}$ en fonction de l'intensité du courant d'excitation, et on en déduit celle qui donne F en fonction de i; on voit que F croît d'abord rapidement, puis ensuite plus lentement. Si on tient compte des pertes par chaleur Joule, qui croissent avec i, on voit qu'il n'y a pas intérêt à pousser trop loin la valeur de cette intensité et, par suite, d'employer des inductions trop élevées. Le tableau ci-dessous (HOSPITALIER, *Formulaire de l'Electricien*) donne les valeurs de f pour diverses valeurs de $\mathcal{B}$:

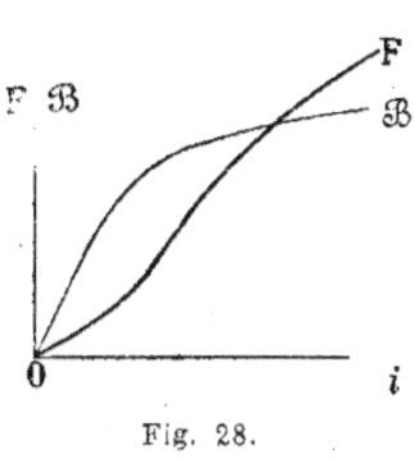

Fig. 28.

$\mathcal{B}$	$f = \dfrac{kg}{cinq}$	$\mathcal{B}$	$f = \dfrac{kg}{cinq}$
1.000	0,04	11.000	4,907
2.000	0,162	12.000	5,841
3.000	0,365	13.000	6,855
4.000	0,649	14.000	7,550
5.000	1,014	15.000	9,124
6.000	1,460	16.000	10,390
7.000	1,987	17.000	11,720
8.000	2,596	18.000	13,140
9.000	3,280	19.000	14,630
10.000	4,056	20.000	16,230

Généralement on ne dépasse pas 10 kilogrammes pour des pièces polaires en fer, et 2 kilogrammes pour celles en fonte, ce qui correspond à des inductions respectives de 16.000 et 7.000. Avec une force portante de 10 kilogrammes par centimètre carré, une surface polaire de 1 décimètre carré suffit pour porter une tonne.

Attraction à distance. — Lorsque l'armature est à une certaine distance des pièces polaires, ou se meut sous l'effet de l'attraction magnétique, on ne peut plus admettre, comme nous venons de le faire, que l'induction reste invariable. On peut alors déterminer la force attractive de la façon suivante [1] :

Soient n le nombre de spires de la bobine inductrice, i l'intensité du courant qui les parcourt, Φ le flux produit, $\mathcal{R}$ la reluctance du circuit magnétique total (fer, entrefer et armature compris), F la force attractive produite. L'énergie du système est, on le sait :

$$W = ni\Phi,$$

et on a :

$$\Phi = \frac{4\pi ni}{\mathcal{R}},$$

$\mathcal{R}$ étant la reluctance du système à l'époque considérée.

Laissons une des pièces du système prendre, sous l'effet de F, un déplacement dx dans la direction de cette force, la variation totale d'énergie du système sera :

$$dW = - nd.\,(i\Phi).$$

Elle se compose de deux parties : 1° le travail mécanique Fdx, dû à l'action de cette force sur la partie mobile à l'instant considéré ; 2° la variation d'énergie magnétique qui donne lieu aux phénomènes de self-induction.

Or la self du circuit est $\mathcal{L} = \dfrac{n\Phi}{i}$, l'énergie de la self-induction est $\dfrac{1}{2}\,\mathcal{L}i^2$ ou :

$$\frac{1}{2}\,n\Phi i = \frac{1}{2}\,W.$$

Les deux parties dans lesquelles nous avons décomposé la variation d'énergie sont donc égales, et nous avons :

$$Fdx = \frac{1}{2}\,dW = -\,\frac{1}{2}\,d\,(ni\Phi) = -\,\frac{1}{2}\,d\,\frac{4\pi ni^2}{\mathcal{R}},$$

d'où :

$$F = -\,2\pi n^2\,\frac{d\,\dfrac{i^2}{\mathcal{R}}}{dx}. \tag{1}$$

---

(1) Picou, *Bulletin de la Société Internationale des Électriciens, mai 1907.*

Si la déformation est très lente, ce qui est le cas de beaucoup d'appareils, i peut être considéré comme invariable et l'expression (1) se réduit à :

$$F = \frac{2\pi n^2 i^2}{\mathcal{R}^2} \cdot \frac{d\mathcal{R}}{dx}. \tag{2}$$

Telle est l'expression la plus générale de F (1).

La formule précédente ne donne la valeur de F, que dans le cas où l'armature est au repos. Lorsqu'elle se meut d'une façon continue,

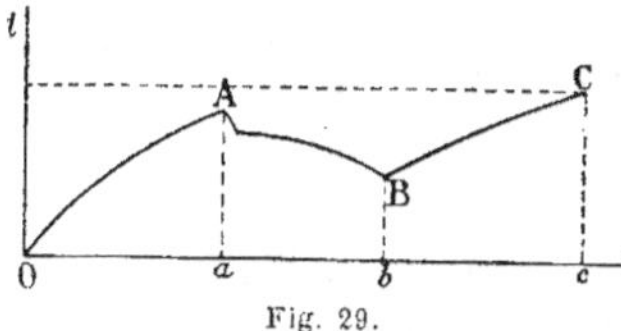

Fig. 29.

et assez rapidement, on ne peut plus supposer i constant car il se produit une force contre-électromotrice qui la fait diminuer. La courbe de la figure 29 montre comment le courant varie dans un électro-aimant de télégraphie. Les temps sont portés en abscisses, et les intensités en ordonnées. Il y a trois phases distinctes : de O en A le courant s'établit progressivement par suite de la self des bobines de l'électro; en A la force attractive

____

(1) Cette formule contient, comme cas particulier, celle de Maxwell. Soient, en effet, S la section polaire, l la longueur du fer, μ la perméabilité, x la longueur d'entrefer, on a :

$$\mathcal{R} = \frac{l}{\mu S} + \frac{x}{S},$$

d'où :

$$\frac{1}{\mathcal{R}^2} \frac{d\mathcal{R}}{dx} = - d \frac{\left[\dfrac{S}{\dfrac{l}{\mu} + x}\right]}{dx} = \frac{S}{\left(\dfrac{l}{\mu} + x\right)^2} = \frac{\mu^2 S}{l^2}$$

en négligeant x qui, dans ce cas, est très petit devant $\dfrac{l}{\mu}$; on a ainsi :

$$F = 2\pi \frac{n^2 i^2}{l^2} \mu^2 S.$$

Or :

$$\frac{4\pi n i}{l} = \frac{\mathcal{B}}{\mu},$$

d'où :

$$F = 2\pi S \times \frac{\mathcal{B}^2}{(4\pi)^2} = \frac{\mathcal{B}^2 S}{8\pi},$$

et

$$f = \frac{F}{S} = \frac{\mathcal{B}^2}{8\pi}.$$

est suffisante pour produire le déclanchement de l'armature, il se produit une force contre-électromotrice qui diminue l'intensité jusqu'en B, où l'armature a fini sa course ; le courant croît ensuite jusqu'en C, où son intensité a la valeur correspondant à la loi d'Ohm ; cette croissance se fait plus lentement que de O en A, car la self a augmenté puisque l'armature fait maintenant partie du circuit magnétique.

Il faudrait dans ce cas appliquer la formule (1), et tenir compte de la variation de i avec x, ce qui est assez compliqué.

Il en serait de même dans le cas où l'électro-aimant serait alimenté en courant alternatif, car alors i et Φ varient en même temps. Toutefois, si l'appareil est en circuit avec d'autres ayant une impédance assez grande vis-à-vis de la sienne, on pourra supposer i constant.

Remarque.—Dans tous les cas, la force attractive est proportionnelle à i^2, c'est-à-dire au carré de l'induction dans le fer à l'instant considéré, les conclusions relatives à l'emploi des inductions élevées restent donc entières.

Applications de la force portante des électro-aimants

Fixation des porte-outil. — Dans la construction mécanique, et surtout dans les constructions navales, on est quelquefois assez embarrassé pour fixer les porte-outil sur les pièces à travailler. Pour percer les tôles sur place au cliquet ou à l'aide d'un petit moteur, on serre le foret contre la tôle au moyen d'un C ou d'un Z, ce dernier est plus commode, fixé par des boulons passant par des trous déjà percés. Quand on emploie un moteur, il transmet généralement son mouvement au foret par l'intermédiaire d'un engrenage conique et d'un flexible. Pour les tôles déjà en place, on ne dispose pas de trous pour fixer les Z ou les C. On y arrive en employant des mâchoires magnétiques (fig. 30), formées d'un électro-aimant dont la tôle à percer constitue l'armature. Ce système ne peut pas fonctionner pour des tôles très minces.

On a craint que ce procédé n'augmentât l'aimantation que prend la coque d'un

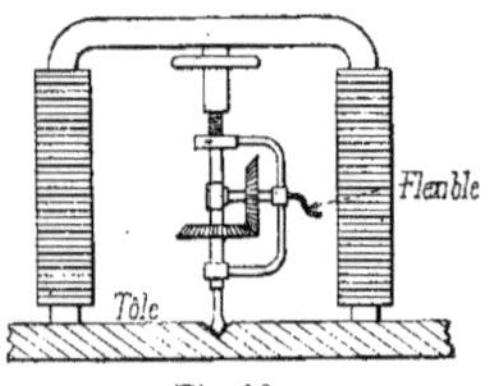

Fig. 30.

bateau pendant sa construction, aimantation qui dépend de la direction de la cale de construction, et qui gêne fort pour la régulation des compas ; cette crainte ne semble pas justifiée.

Emploi des électro-aimants comme crochets de grue. — Une des grosses difficultés qu'on rencontre pour les manutentions des pièces dans les usines métallurgiques, est celle de leur élingage, qui doit être fait de manière à assurer toute sécurité. Quelquefois même, les compagnies de transport exigent que les industriels élinguent eux-mêmes les pièces à transporter. En remplaçant le crochet de grue par un électro-aimant ayant la force portante suffisante, il suffit de mettre cet électro au contact de la pièce métallique à soulever, et d'établir le courant pour que l'objet soit amarré à la grue.

L'emploi de ces électro-aimants s'est généralisé en Amérique, il est beaucoup moins répandu en Europe. Ceci tient à ce que, d'une façon générale, l'électro-aimant ne présente pas toute la sécurité voulue ; si la charge est mal équilibrée elle peut glisser le long de l'électro et tomber; si le courant vient à manquer, le fardeau tombe. Ces aléas sont beaucoup plus à craindre que la rupture des chaînes d'élingage, et, comme la législation est assez sévère au sujet des appareils de levage, on conçoit que les industriels hésitent pour cet emploi. Il semblerait chez nous bien risqué d'employer un électro-aimant, comme crochet d'un pont roulant devant transporter des charges d'un bout à l'autre d'un atelier, et passant au-dessus des ouvriers.

Par contre, ils trouvent leur emploi tout indiqué pour les chargements ou déchargements d'objets à manipuler en grande quantité, comme cela a lieu pour les chargements de rails ou de tôles, ou lorsque les matériaux sont de faible échantillon et de formes irrégulières, ce qui est le cas pour les ferrailles dont on fait un si grand usage dans les aciéries. Avec les électros, il suffit de plonger pour ainsi dire l'aimant dans le tas, et de le retirer, après avoir lancé le courant. Ils trouvent aussi leur utilisation pour concasser les métaux ouvrés. Cette opération se fait, comme on le sait, en laissant tomber sur eux d'une certaine hauteur une sphère métallique. Cette sphère est prise facilement par l'électro-aimant là où elle est tombée, et lâchée au moment voulu.

Ces opérations s'exécutent très rapidement, elles ne nécessitent comme opérateur que l'ouvrier conduisant l'engin de levage, sans aucun aide; il en résulte que toutes les fois qu'on peut ainsi les employer, les électro-aimants donnent une grosse économie pour les manipulations.

La nécessité de protéger l'enroulement contre les chocs, et aussi la plus grande facilité qui en résulte pour l'utilisation, ont fait adopter pour cet emploi les électro-aimants tubulaires cuirassés (fig. 31).

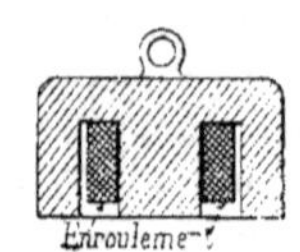

Fig. 31.

Les bobines doivent être construites avec beaucoup de soin, on les constitue en fil de cuivre ou d'aluminium, qu'on dessèche à l'étuve. Souvent la bobine est imprégnée d'un isolant spécial assez bon conducteur de la chaleur, et est comprimée de manière que tous les interstices soient bien remplis. La bobine forme alors un tout homogène, à travers lequel la chaleur Joule se dissipe bien. Par un tour de main spécial, la bobine reste légèrement élastique, et elle est disposée dans l'électro de manière à pouvoir se dilater librement.

Signalons comme disposition particulière les électros à pièces polaires déformables, dont les noyaux (fig. 32) sont formés de plaques minces de fer doux pouvant coulisser les unes sur les autres, de manière à épouser la forme de la charge. On les utilise pour les fers profilés et les fers ronds.

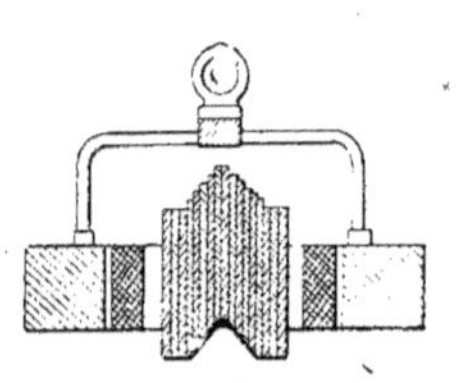

Fig. 32.

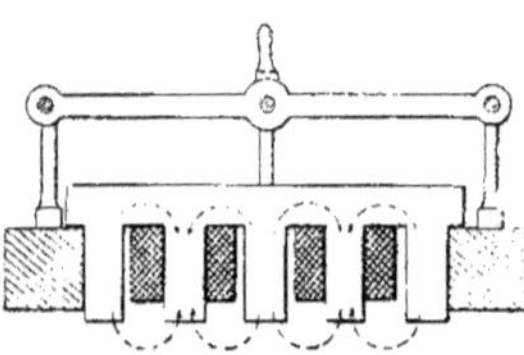

Fig. 32 bis.

En noyant complètement les enroulements dans de la paraffine, et en y faisant arriver le courant par des câbles sous plomb, on peut employer les électro-aimants sous l'eau.

Le câble d'alimentation est maintenu toujours tendu, à l'aide d'un contrepoids, ou d'un tambour à ressort. Pour l'alimentation de l'électro, le conducteur se sert d'un controller spécial

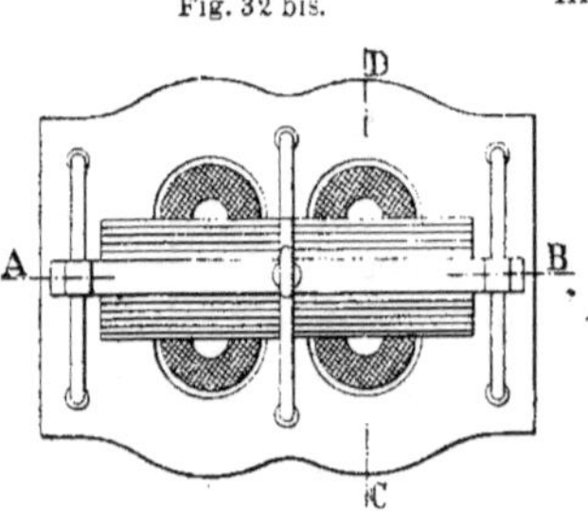

Fig. 32 ter.

permettant d'intercaler les résistances voulues, en particulier au moment où on rompt le courant, et où il faut réduire au minimum l'étincelle due à la self de l'enroulement excitateur.

On peut, avec les électro-aimants, faire de 60 à 90 services de grue par heure.

On construit des électro-aimants ayant les forces portantes suivantes, pour les divers services :

Plaques de blindage..............	20.000 à 25.000	kilos
Lingots.........................	10.000	—
Rails	5.000	—
Matériaux menus et dispersés	800 à 1.000	—

Pour les objets de grande longueur comme les rails, les tôles, il est prudent d'employer soit un aimant à plusieurs pôles, comme celui des figures 32 bis et 32 ter, soit de monter plusieurs électros sur un même bâti, de manière que la prise soit faite en plusieurs points, ce qui donne un meilleur équilibre de la charge qui risque moins ainsi de glisser.

Nota.—L'électro de la figure 31 consomme 8 ampères sous 500 volts, pour une force portante de 4 à 5.000 kilogrammes.

Embrayages magnétiques. — Les embrayages sont, comme on le sait, destinés à assurer la transmission du mouvement entre deux arbres placés bout en bout, la liaison pouvant se faire ou se défaire à volonté. Parmi les différents types mécaniques usités, se trouvent les embrayages à friction à plateaux. Sur les extrémités en regard des arbres se trouvent calés deux plateaux, on amène au contact ceux-ci pour embrayer, en agissant sur l'un d'eux qui peut coulisser sur son arbre, au moyen d'une fourchette. Par suite de leur frottement les deux plateaux s'entraînent.

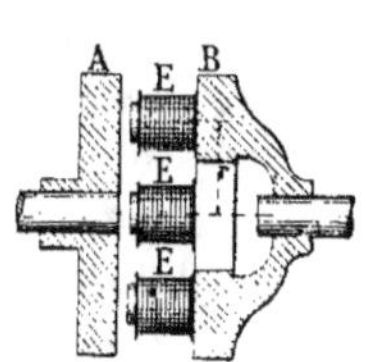

Fig. 33.

L'embrayage magnétique dérive directement de ce type, le plateau A de l'arbre menant est calé sur celui-ci. Le plateau B de l'arbre mené peut coulisser sans tourner sur lui ; sur sa face en regard de A sont disposés des électro-aimants (fig 33). Si on lance le courant dans les bobines, par suite de l'attraction exercée le plateau B se rapproche, de manière que les pôles des électros E viennent au contact de A, le circuit magnétique se ferme alors à travers A. Si P est l'effort total exercé par les électros, f le coefficient de frottement, et r la distance du centre des pôles à l'axe de l'arbre, le couple qu'on pourra transmettre sera égal à Pfr.

Comme pour tous les embrayages à friction, on ne peut transmettre que des efforts assez faibles, à cause de la petite valeur de f, étant donné surtout que, par suite du voisinage des paliers, il est toujours difficile que les surfaces au contact ne soient pas légèrement grasses, et f peut alors descendre jusqu'à 1/1000e.

On améliore l'embrayage, en attribuant aux surfaces de contact la forme conique (fig. 34),

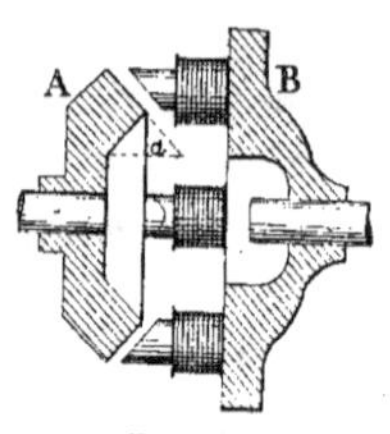

Fig. 34.

ce qui donne comme force normale $\dfrac{P}{\sin \alpha}$ et par suite comme effort tangentiel $\dfrac{Pf}{\sin \alpha}$ (α étant l'angle au sommet du cône). En outre, l'expérience montre que le coefficient de frottement de surfaces coniques est supérieur à celui de plan sur plan.

Valeurs de f (d'après les *Notes et Formules de l'Ingénieur*) :

Fer sur fer	sec	0,4 à 0,2
Fer sur fonte.	—	0,2
Fonte sur fonte	—	0,16

Il faut tenir compte, que lorsque les deux plateaux ont un mouvement relatif, c'est-à-dire ne tournent pas à la même vitesse, le coefficient de frottement diminue et cela d'autant plus que la vitesse relative est plus grande. Il s'en suit que lorsque par suite d'une surcharge momentanée l'arbre mené vient à ralentir, l'embrayage cède rapidement et l'arbre s'arrête; on conçoit que suivant les cas, cela peut être avantageux ou nuisible. Quand il y a ainsi glissement des deux parties de l'embrayage l'une par rapport à l'autre, elles s'usent très rapidement, aussi ne doit-on en principe embrayer ou désembrayer qu'au repos.

Une des formes les plus employées des em-

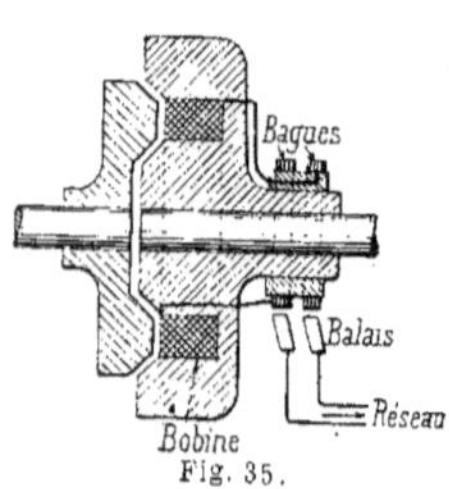

Fig. 35.

brayages magnétiques est celle que leur a donné M. de Bovet, et que représente la figure 35. L'électro-aimant est cuirassé, ce qui lui donne une très faible réluctance. L'alimentation se fait au moyen de bagues et de balais. L'embrayage ne comporte pas de fourchette. La consommation d'énergie est d'environ 1/2 % de la puissance transmise.

Nota. — Pour les embrayages coniques, l'angle α doit avoir une valeur voisine de celle du coincement, soit 30 à 45°.

Application de l'attraction à distance

Triage magnétique.

La séparation, au moyen d'un électro-aimant, des matières magnétiques de celles non magnétiques est une des applications les plus intéressantes de l'électro-aimant. Ce triage est nécessaire dans bien des cas : triage des minerais, des limailles résiduelles des opérations mécaniques, extraction de la barbotine (pâte à porcelaine) des particules ferreuses qui donneraient des taches dans les pièces après cuisson, etc... Le principe en est simple, il suffit que la matière soit suffisamment pulvérisée, on promène un électro-aimant au-dessus du mélange, les particules magnétiques se collent à lui et, lorsqu'il est suffisamment chargé, on l'écarte et par la cessation du courant on provoque la chute de la matière enlevée. Au lieu de promener l'aimant au-dessus du mélange, on peut faire circuler celui-ci devant l'électro. Une première remarque à faire, c'est qu'il faut que le mélange, au passage devant le ou les électros-aimants employés soit sur une épaisseur suffisamment faible, pour que l'attraction s'exerce bien dans toute sa profondeur.

Un bon procédé pour cela, est de faire passer la matière entre les deux pôles de l'électro-aimant. Néanmoins, lorsqu'on veut avoir une séparation très complète, et que le mélange contient peu de matières magnétiques, on risque que quelques parcelles passant juste dans l'entr'axe des pôles restent en équilibre indifférent, et échappent à l'action magnétique. On a avantage, dans ce cas, à employer plusieurs électros n'agissant que par une seule de leurs extrémités polaires. Il est facile d'improviser des appareils remplissant ces conditions.

Le triage magnétique des minerais a acquis, dans ces derniers temps, une importance considérable, et de nombreux appareils ont été construits dans ce but.

Leur principe est, comme on l'a dit, de faire passer le minerai à trier entre les pôles d'électro-aimants. Dans l'établissement de ces appareils deux éléments sont à considérer : 1° l'écartement des pôles ; 2° la vitesse d'écoulement du minerai.

L'entrefer doit être d'autant plus réduit que le minerai est moins magnétique, mais sans exagération ; en effet, la particule magnétique s'aimante par influence, et est attirée par un pôle et repoussée par l'autre ; c'est la résultante de ces deux actions qui fait le triage. Avec un entrefer trop petit, la zone neutre devient proportionnellement très grande, et une grande partie de la masse échappe au triage. Il y a une dimension d'entrefer optimum, qui ne peut se déterminer qu'expérimentalement, car elle dépend de la perméabilité magnétique du minerai qu'il est assez difficile de connaître *à priori*.

La vitesse d'écoulement intervient aussi, parce que la trajectoire suivie par la parcelle magnétique est la résultante de celle qu'elle avait auparavant, et de celle due à l'attraction. Si la vitesse initiale est grande, il n'y aura qu'une faible déviation, et le triage ne se fera pas. Des expériences faites à Mechernich sur un mélange de magnétite, de rhodonite et de blende (rangéees ici par magnétisme décroissant), ont donné les résultats suivants :

Vitesse en mètres par minute	
100	La magnétite est seule influencée.
70	La rhodonite est un peu influencée.
50	— complètement influencée.
40	La blende est peu influencée.
30	— complètement influencée.

Il y aura donc généralement à faire un réglage de la vitesse d'écoulement, de l'entrefer et de l'intensité du courant d'excitation.

Les séparateurs magnétiques peuvent se classer ainsi qu'il suit :

Electros mobiles. } Action continue.
Action intermittente.

Electros fixes. } Triage par extraction.
Triage par dérivation.

Nous allons donner quelques exemples de ces appareils.

Séparateur de Mechernich. — *Electros mobiles : action continue* (fig. 36). — L'électro a la forme indiquée au croquis (2). La pièce polaire N est un cylindre tournant autour de son axe. La pièce S est fixe et a le profil indiqué dans la coupe (1) ; de cette forme des pièces polaires il résulte que le champ dans l'entrefer a, à peu près, la répartition indiquée par les lignes pointillées, et diminue au fur et à mesure qu'on s'éloigne de la ligne XY. Les particules amenées dans l'entrefer par la glissière A seront donc entraînées d'autant plus loin par le cylindre N, qu'elles seront plus magnétiques. En D tomberont les parties non magnétiques, sur C celles qui le sont un peu, et en B celles qui le sont davantage.

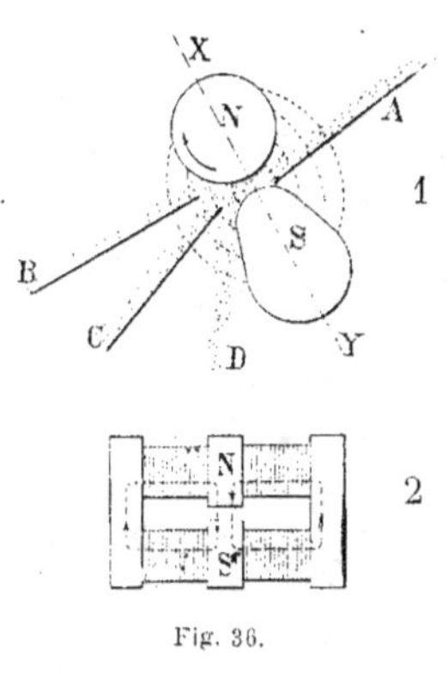

Fig. 36.

Séparateur Johnson. — *Electros mobiles : action intermittente* (fig. 37). — Le minerai est introduit par la trémie T dans le cylindre en tôle AB, incliné sur l'horizontale, et à l'intérieur duquel tourne l'arbre CC, muni de palettes hélicoïdales *pp* qui font avancer le minerai de A en B, par suite de la rotation de CC. Sur le cylindre est disposé un enroulement *ee*, recevant le courant au moyen des bagues *bb*. Sous l'influence de ce solénoïde, il se crée à l'intérieur du cylindre un champ magnétique dont l'intensité est maximum sur l'axe. Les particules magnétiques vont donc remonter le long des palettes, pour venir se coller contre l'arbre, et les particules non magnétiques, fixées à la paroi du cylindre par la force centrifuge, en seront seules expulsées. Lorsqu'on juge que la quantité de minerai fixée à l'arbre est suffisante, on arrête l'arrivée en A et quand toute la matière non magnétique est sortie, on interrompt le courant. Les particules magné-

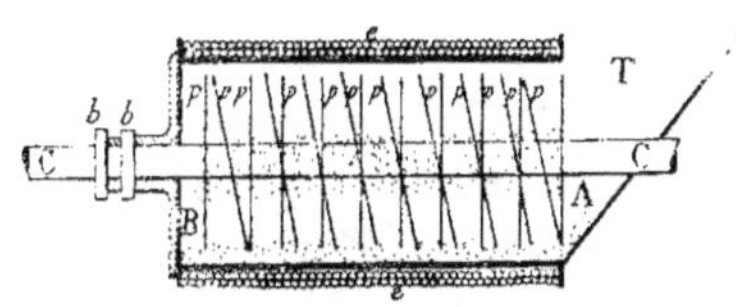

Fig. 37.

tiques se décollent alors de l'arbre, et sont à leur tour chassées à l'extérieur du cylindre.

Séparateur Roland. — *Électros fixes : triage par extraction* (fig. 38). — Le minerai à traiter est déversé par la trémie T sur la courroie C, qui le fait passer entre les pôles de noms contraires P_1 et P_2, des électros E_1 et E_2. Les pôles P_1 sont taillés en coin, de manière à avoir une arête normale à la direction de la courroie. Des garnitures de bronze les entourent, de sorte que le champ magnétique se trouve bien concentré suivant une ligne mince. Les particules magnétiques attirées par les pôles P_1 viennent se coller sous les courroies B, qui les entraînent normalement à

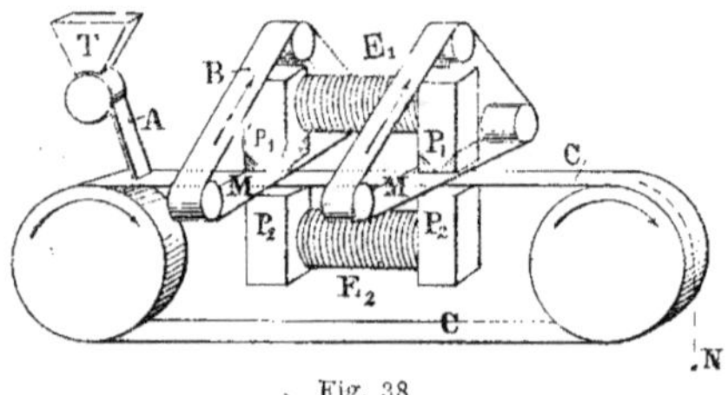

Fig. 38.

la direction de C, et les projettent en MM où on les recueille, alors que les matériaux non magnétiques sont entraînés jusqu'en N. On dispose généralement deux ou trois paires d'électro-aimants à la suite les uns des autres. On peut ainsi traiter, suivant la qualité du minerai, de 500 à 4.000 kilogrammes à l'heure.

Machine Watheril. — *Aimants fixes : triage par déviation.* — Dans les appareils à déviation, les particules magnétiques ne sont plus attirées jusqu'à ce qu'elles viennent au contact d'un organe mobile, destiné à les transporter au point où on les recueille. Leur trajectoire est simplement modifiée, de manière que les parcelles magnétiques et non magnétiques suivent des chemins différents. La figure 39 montre la machine de Watheril, comportant trois électros A, B, B' (la figure 40 montre l'un d'eux vu de face). Ces électros sont dis-

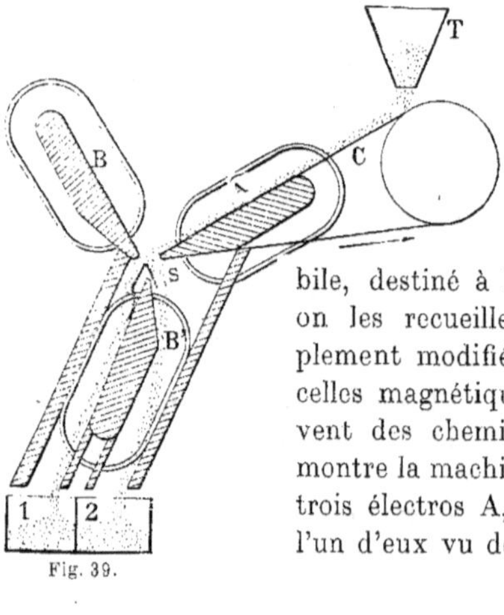

Fig. 39.

posés comme l'indique la figure, et les sens des courants sont tels, que les pôles de B et B′ en regard soient du même signe, opposé à celui de l'électro A. La courroie C, qui transporte le mine-

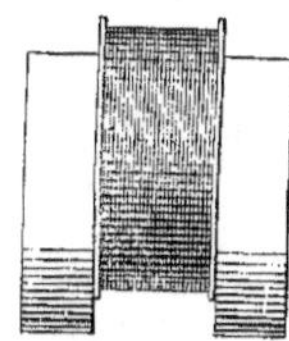

Fig. 40.

rai à trier, épouse la forme des pièces polaires de A. Dans le jet qui s'écoule à la sortie de A, les parcelles magnétiques viennent à la partie supérieure vers les pôles de B et B′, alors que les particules non magnétiques tombent immédiatement en avant de B′. La petite cloison s, dont on peut régler exactement la position, assure une séparation parfaite du minerai. Cette machine peut traiter de 400 à 700 kilogrammes de minerais à l'heure.

Séparateurs à déviation sans courroie. — Les courroies qui transportent le minerai absorbent une certaine quantité d'énergie, qu'on peut économiser en ne faisant appel qu'à la pesanteur, pour le déplacement de ce minerai. La figure 41 représente un de ces appareils, dit à *rouleau* construit par la Société *Métallurgische Gesellschaft*. Le minerai tombe de la trémie dans la portion de l'entrefer de l'électro-aimant E, comprise entre un des pôles N et le rouleau C, qui tourne autour de son axe. Les parcelles non magnétiques, ne subissant aucune attraction, tombent directement dans le réservoir 1, celles magnétiques sont entraînées plus ou moins loin, suivant leur perméabilité, dans le sens du mouvement et viennent tomber dans les

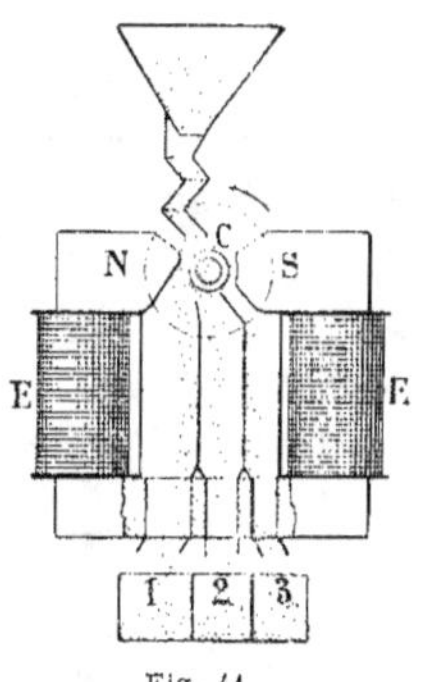

Fig. 41.

récipients 2 et 3. Afin d'avoir un champ très concentré dans l'entrefer, le rouleau C est formé, comme le montre la figure 42, de rondelles accolées, qui sont alternativement en matière magnétique et en matière non magnétique ; grâce à cette disposition, les parcelles aimantées tendent davantage à se rapprocher du rouleau.

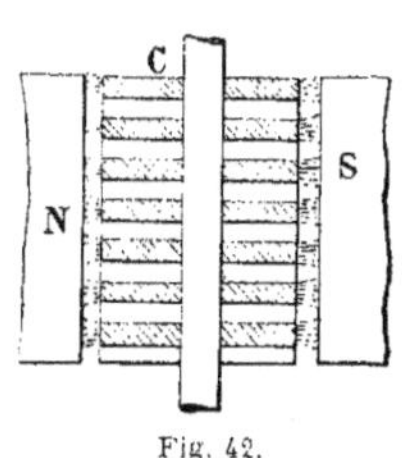

Fig. 42.

L'appareil du type dit à *anneau*, de la même Compagnie, ne comporte aucun élément mobile (fig. 43). L'électro EE est à circuit magnétique complètement fermé sans aucun entrefer ; mais ce circuit est rétréci en AA de sorte que, par suite de la dispersion, une partie des lignes de force se ferme dans l'air. Il en résulte que les parties magnétiques qui tombent librement, de la trémie T dans l'espace annulaire qui entoure E, sont attirées dans le centre en ces points, et viennent se rassembler dans la trémie intérieure T_1, alors que le reste s'écoule dans la trémie T_2.

Appareils mixtes à déviation et à extraction. — La figure 44 représente un appareil Watheril, où la déviation et l'extraction sont combinées. Le minerai entraîné par la courroie C′, vient passer sous la courroie C au-dessus de laquelle se trouvent les pôles de l'électro E, qui est à trois pôles : un pôle nord central et deux pôles sud.

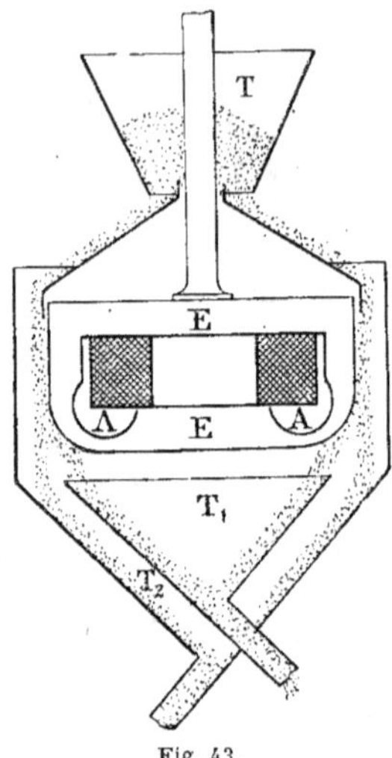

Fig. 43.

Le rouleau R est en laiton, les parties non magnétiques tombent immédiatement en 1, celles légèrement magnétiques sont attirées et déviées pour venir tomber en 2, celles très magnétiques viennent se coller contre la courroie C, qui les entraîne jusqu'à ce qu'elles tombent dans le compartiment 3.

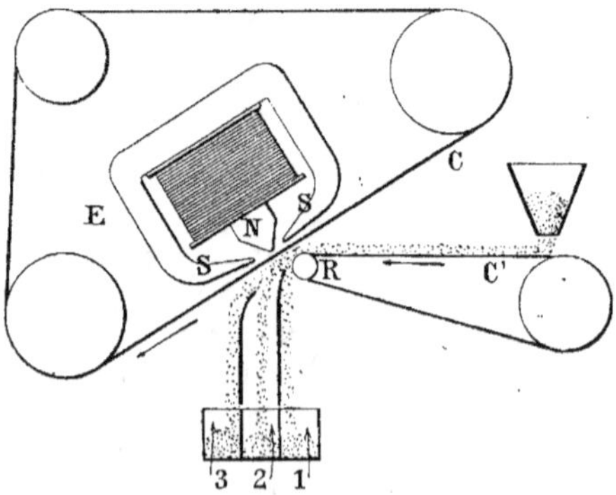

Résultats obtenus avec des trieuses électromagnétiques ([1]). — La perméabilité magnétique des composés

Fig. 44.

(1) D. KORDA. *Bulletin de la Société Internationale des Electriciens*, 1904.

de métaux magnétiques, ne dépend pas, uniquement, de leur teneur en ce métal, mais de leur composition entière. C'est ainsi, que les pyrites ordinaires FeS^2 n'ont qu'une perméabilité très faible, alors que les pyrrhotines ou pyrites magnétiques $F^{11}S^{12}$ sont très magnétiques. Aussi il est nécessaire, dans bien des cas, de faire un grillage préalable du minerai, pour transformer les sulfures de fer, et augmenter leur susceptibilité magnétique. Ce grillage se fait ordinairement entre 400 et 500°, de manière à ne pas rendre magnétique la blende. Le tableau suivant (d'après W.-B. Philipps), montre l'avantage qu'il y a à ne pas pousser trop loin ce grillage. Les chiffres se rapportent à un traitement de 4 tonnes de matière à l'heure, qui paraît avoir donné les meilleurs résultats :

Éléments	Avant grillage	Après léger grillage			Grillage plus poussé		
	Teneur du minerai	Teneur du minerai	Produit magné-tique 9,54 % Teneur	Produit non magné-tique 90,46 % Teneur	Teneur du minerai	Produit magné-tique 12,71 % Teneur	Produit non magné-tique 87,29 % Teneur
Zinc	48,00	49,50	6,50	58,00	50,00	16,00	47,50
Cuivre	1,00	1,50	4,25	—	2,30	4,20	2,30
Plomb	1,80	3,80	—	0,60	3,80	1,80	0,60
Fer	6,71	6,38	38,89	1,65	6,49	35,75	2,80
Quartz	10,00	10,68	14,00	12,60	12,32	20,56	9,88
Soufre	31,45	22,81	—	—	16,72	—	—

Le grillage trop poussé a donc amené non seulement la diminution des produits non magnétiques, qui sont les produits zingueux utiles, mais encore la teneur en zinc de ceux-ci a diminué, alors qu'il en est resté une grande partie dans les produits magnétiques non utilisables.

M. Korda cite le résultat suivant, provenant du triage avec une machine Rowland à 4 pôles, d'un minerai composé de chalcopyrite et de blende après grillage :

	Poids kgs	Cuivre %	Zinc %
Minerai original	80	6,7	25,4
— grillé	—	8,4	28,2
Produit cuivreux recueilli au pôle I	24,82	18,57	8,69
— — — aux pôles II et III	8,20	11,54	13,60
— recueilli au pôle III et à traiter à nouveau	5,39	5,65	23,38
Blende non magnétique	41,63	1,95	41,05

On a donc recueilli deux bons produits cuivreux, et un bon produit blendeux.

Citons encore, d'après le même auteur, les résultats obtenus par le triage magnétique :

Récupération de 96,6 % du cuivre total d'un minerai mexicain, ayant une teneur en Cu de 6,3 %.

Séparation de blende donnant 82 % du zinc d'un minerai de Siegerland, contenant 20 % de zinc.

97 % du tungstène et 98,5 % de l'étain d'un minerai espagnol à 48,5 % de Sn et 22,5 % de Wolfronite (TuO³).

La séparation magnétique permet donc, dans un grand nombre de cas, de récupérer pratiquement et économiquement des métaux, que les procédés métallurgiques ordinaires obligent à laisser dans les résidus. Elle constitue donc une application économique, sérieuse, des électro-aimants.

Emploi de la force attractive des électro-aimants comme force motrice

Il est tout naturel de songer à employer le déplacement de l'armature d'un électro-aimant, pour un service quelconque. C'est une des applications les plus anciennes de cet appareil, celle qu'on rencontre dans les appareils télégraphiques.

Lorsque pour ces applications on veut faire usage de l'électro-aimant, sous sa forme classique ,comportant une armature se déplaçant devant deux pôles (fig. 45), on est rapidement limité comme puissance. Pour avoir une valeur même faible de la force attractive, il faut que l'entrefer soit très petit ; l'armature ne peut donc se déplacer que de très peu. Petit déplacement et petite force ne sont pas compatibles avec une utilisation industrielle. On a cherché à augmenter la course, en conservant les mêmes dispositions géné-

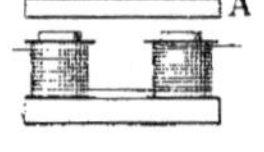

Fig. 45.

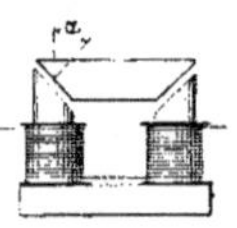

Fig. 46.

rales. par l'emploi d'armature et de pièces polaires taillées en biseau (fig. 46). Si e est l'entrefer, compté normalement à la surface polaire, α l'inclinaison sur l'horizontale de celle-ci, la course de l'armature, pour arriver au contact, sera $\dfrac{e}{\cos \alpha}$. Cet artifice n'a guère accru la valeur de l'appareil, et l'emploi de l'électro comme moteur industriel n'a pu se faire, que par l'adoption du type à noyau plongeant, dit *électro-aimant à longue course.*

Considèrons un solénoïde formé par une bobine B (fig. 47), un noyau de fer doux N tend à se placer de manière à occuper une position moyenne à son intérieur. La bobine est cuirassée, de manière qu'à l'extérieur le circuit magnétique se ferme aisément. L'entrefer est l'intervalle laissé entre le noyau et la cuirasse pour son passage, sa longueur est donc déterminée par une simple question d'ajustage, et la section de cet entrefer dépend de la longueur de la cavité où se meut N. La course du noyau dépend du déplacement qu'on peut lui donner par rapport à sa position moyenne, tout en conservant à la force attractive une voleur suffisante. Nous allons examiner rapidement ce qu'on peut dire sur la théorie des électros à longue course.

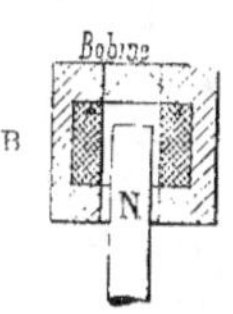

Fig. 47.

Nous avons démontré précédemment que la force attractive à distance d'un électro-aimant avait pour expression :

$$F = 2\pi \frac{(ni)^2}{\mathcal{R}^2} \frac{d\mathcal{R}}{dx}.$$

Le problème qui se pose pour les électros industriels, est de les établir de manière que l'effort F, soit une fonction déterminée de l'emplacement du noyau, définie par la variable x, à l'époque considérée, soit :

$$F = f(x),$$

en admettant, comme il a été dit, que le déplacement soit assez lent, pour que la force contre-électromotrice créée soit négligeable et que, par suite, les variations qui en résultent pour i soient aussi sans influence. Pour faire varier F avec x, nous disposons de deux éléments, soit les ampères-tours, soit la reluctance.

La variation de ni a été un des premiers procédés employés ; Page et du Moncel constituaient les bobines d'électros par des galettes superposées, dans lesquelles le courant était envoyé automatiquement, au fur et à mesure que le noyau pénétrait à l'intérieur (fig. 48). Une solution plus simple, consiste à laisser le nombre des spires fixes,

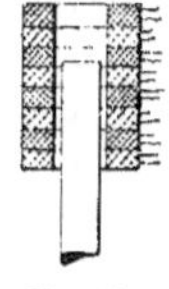

Fig. 48.

et à faire varier i au moyen d'un rhéostat manœuvré par le déplacement du noyau. Ce procédé est assez employé pour réduire l'intensité du courant en fin de course, lorsque l'électro doit rester longtemps dans cette position, comme c'est le cas pour beaucoup de ces appareils utilisés uniquement pour faire passer un mobile d'une position extrême à une autre. Il suffit, en effet, d'une excitation beaucoup plus faible au contact qu'à distance, ce qui se traduit d'ailleurs généralement, pour tous les électro-aimants, par une augmentation de l'effort vers la fin de la course.

Au lieu de faire varier les ampères-tours, on introduit quelquefois des contre-ampères-tours en disposant (fig. 49) des bobines montées autour du noyau plongeur et entraînées par lui. Ces bobines agissent au fur et à mesure qu'elles arrivent dans la partie active du circuit magnétique, et il est facile de combiner leur enroulement de manière à produire telle variation totale du flux qu'on désire.

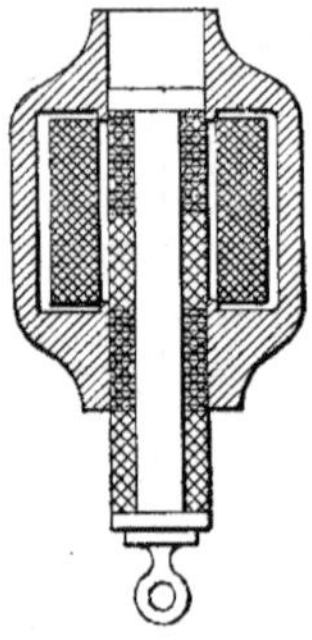

La solution la plus répandue consiste dans la variation de la réluctance du circuit magnétique.

Fig. 49.

Sauf vers la fin de la course, la portion fer du circuit magnétique est toujours assez loin de la saturation, sa réluctance et, *à fortiori*, la variation de celle-ci est toujours négligeable, vis-à-vis de la réluctance de l'entrefer, et c'est sur celle-ci qu'on agira pour réaliser la loi :

$$F = f(x).$$

La réluctance a pour valeur $\dfrac{l}{s}$, l étant la dimension de l'entrefer, c'est-à-dire, comme il a été dit précédemment, le jeu entre le noyau et la cuirasse. On fait varier généralement soit l, soit s.

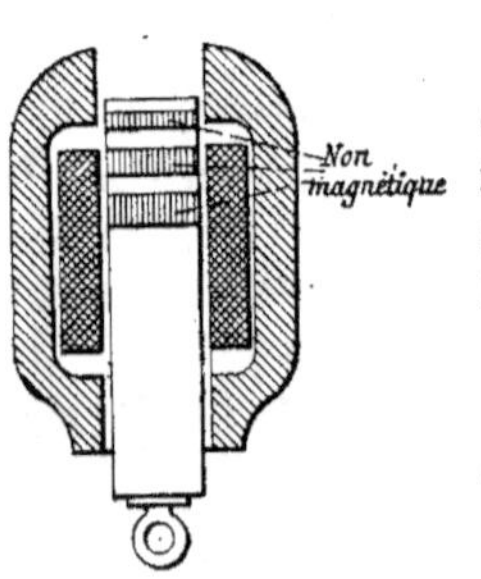

Fig. 50.

Variation de l'entrefer. — C'est la solution adoptée par M. Guénée ; elle consiste à munir (fig. 50) le noyau dans sa partie extrême de rondelles de matière non magnétique, dont l'épaisseur est calculée de manière à satisfaire à la loi qu'on s'impose. Voici quelques caractéristiques d'électro-aimants Guénée :

Puissance en kilogram-mètres	Course en millimètres	Efforts en kilogrammes	Poids en kilogrammes	Intensité consommée sous 110 volts en ampères
0,1	25	4	5	0,35
0,5	50	10	16	1,00
1,0	80	12,5	30	1,50
12,0	150	80,0	100	10,00
40,0	250	160,0	200	20,00
100,0	400	250,0	450	30,00

Variation de la section. — Dans le dispositif précédent, les lignes de force sont dirigées en partie parallèlement à l'axe, dans les endroits où se trouvent des rondelles non magnétiques, et en partie normalement à l'axe dans le reste du noyau. M. Picou a proposé de modifier la forme de l'extrémité du noyau sans toucher à son diamètre, de manière à avoir un entrefer constant. Dans l'électro-aimant ordinaire à noyau plongeur, la longueur de l'entrefer est constante, et sa section croît proportionnellement à la longueur du noyau qui s'engage dans la culasse, c'est-à-dire à la course de ce noyau ; on a donc :

$$s = kx$$

$$\frac{1}{\mathcal{R}} = \frac{kx}{l} = k'x$$

et

$$\frac{\frac{d\mathcal{R}}{dx}}{\mathcal{R}^2} = k'.$$

Par suite :

$$F = 2k'\pi(ni)^2 = \text{constante} ;$$

l'effort est constant.

Si l'on veut avoir une loi quelconque, il suffit d'avoir la relation :

$$\frac{\frac{d\mathcal{R}}{dx}}{\mathcal{R}^2} = f_1(x),$$

ou :

$$\frac{1}{l} \cdot \frac{ds}{dx} = f_1(x),$$

soit :

$$\frac{ds}{dx} = \varphi(x).$$

Supposons (fig. 51) développée sur un plan l'extrémité du noyau, à partir de la génératrice qui passe par le point extrême de son arête, soit *abc* le développement de cette arête. A l'époque considérée, le noyau s'est enfoncé de *ab′* égal à sa course *x*, et la section offerte au passage du flux est la surface latérale *abb′* du noyau. Or, on a :

$$s = abb' = \int_0^x y\,dx,$$

ou :

$$\frac{ds}{dx} = y = bb' = \varphi(x).$$

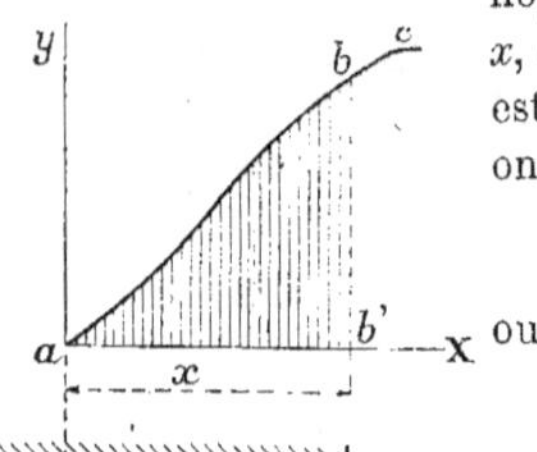

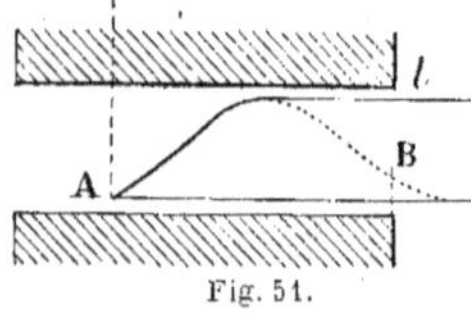

Fig. 51.

La courbe *abc* n'est donc pas autre chose, que la courbe $y = \varphi(x)$ dans le système d'axes *ox*, *oy*. Il suffira donc, après avoir construit la courbe représentant la variation de F ou, ce qui revient au même, de $\frac{ds}{dx}$, de l'enrouler sur le noyau, et de tailler celui-ci suivant cette arête. Il suffit, pour cela, de dégorger suffisamment le noyau, pour créer au delà de cette courbe un entrefer assez grand, pour s'opposer à la fermeture des lignes de force.

Si on voulait que l'effort croisse proportionnellement à la course, on aurait :

$$F = \lambda x,$$

et on devrait avoir :

$$\frac{ds}{dx} = \mu x,$$

$$y = \mu x \,;$$

abc serait une droite, et l'extrémité du noyau devrait être taillée en hélice.

M. Picou a fait construire ainsi un électro de 7 centimètres de course, développant un effort de 15 kilogrammes, avec un courant de 2,25 ampères.

Variation de la culasse. — M. Boucher emploie un procédé qui fait varier la réluctance, par la variation de section que le fer de la culasse ou du noyau offre au passage des lignes de force, lorsque le noyau se déplace ; on conserve ainsi un très faible entrefer, égal juste au jeu nécessaire pour la pénétration du noyau, ce qui augmente beaucoup le travail recueilli.

Dans le type de la figure 52, la culasse porte une pièce profilée B, de forme convenable, dans laquelle pénètre le noyau ; c'est la variation de section de cette pièce qui produit celle de F. Dans le type de la figure 53, c'est l'extrémité du noyau qui est creusée suivant le profil voulu.

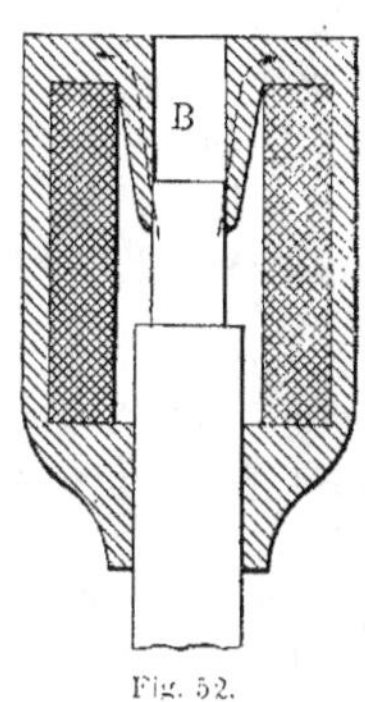

Fig. 52.

Remarque. — La théorie ne donne guère que des indications, sur la façon dont se comportent les électro-aimants à longue course ; il faudrait tenir compte, en effet, des effets de la force contre-électro-motrice qui modifient la force magnéto-motrice, de la dispersion dans l'air, et aussi de la répartition du flux dans le noyau où l'induction, presque nulle au centre, va en croissant jusqu'à la périphérie. On constate en effet, dans les électros à noyau formé de rondelles superposées, que la force attractive reste la même, que la tige centrale sur laquelle sont fixées ces rondelles soit en fer ou en laiton.

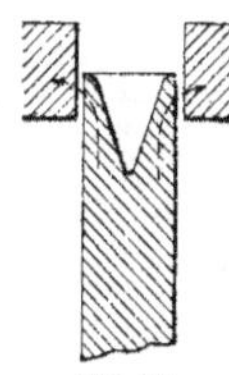

Fig. 53.

Rendement des électro-aimants. — Lorsque nous avons établi la théorie des électro-aimants, nous avons montré que la moitié de l'énergie fournie à l'appareil était seule transformée en puissance mécanique. Le rendement théorique sera donc de 50 %, en pratique il sera beaucoup moindre, puisqu'il faudra retrancher de la puissance mécanique théorique toutes les pertes du mécanisme.

Électro-aimants à fonctionnement intermittent. — Les électro-aimants conviennent très bien pour les manœuvres à faire à distance, qui demandent une certaine force avec un faible déplacement, et ne doivent se reproduire qu'à intervalles nettement séparés. Ils sont excellents pour toutes celles où on doit, après un déplacement, continuer à exercer un effort pour immobiliser la pièce mobile, en fin de course. Nous n'insisterons pas sur les emplois des électro-aimants à manœuvre intermittente, dont on trouvera de nombreuses applications, dans le fascicule relatif aux applications de l'électricité aux chemins de fer.

Ouverture du circuit des électro-aimants. — La grandé self-induction des bobines d'électro-aimants, due à la présence du fer, fait que l'ouverture brusque de leur circuit, donne lieu à des étincelles de rupture altérant très rapidement les interrupteurs. Pour amoindrir cette étincelle, il faut que l'énergie de self se dissipe lentement ; on peut avoir recours à un des dispositifs suivants :

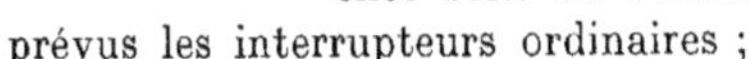

Fig. 54.

1° La manœuvre de l'interrupteur a pour effet de mettre en dérivation aux bornes de l'électro, avant l'ouverture, une résistance suffisante pour que le courant dû à la self n'ait qu'une faible valeur (fig. 54); il n'y a plus alors d'étincelles ou, du moins, elles sont de l'ordre de celles pour lesquelles sont prévus les interrupteurs ordinaires ;

2° L'interrupteur est plongé dans une solution médiocrement conductrice, solution de soude par exemple, ce qui revient à intercaler entre l'électro, et le réseau qui l'alimente, une résistance croissant rapidement avec le degré d'ouverture de l'électro-aimant. Le courant décroît donc d'une façon continue avant de cesser ;

3° Dans cette solution, préconisée en particulier par M. Picou, on absorbe l'énergie de self en faisant fonctionner pendant la période d'ouverture, où le courant est variable, l'électro-aimant comme un transformateur à secondaire en court-circuit; l'énergie est alors dépensée sous forme de chaleur Joule dans ce secondaire. On pourrait constituer ce dernier par quelques spires placées autour du noyau, mais il est plus simple et de meilleure construction mécanique de la former, comme l'indique la figure 55, par un tube massif de cuivre ou de laiton, entourant le noyau, et protégeant en même temps les enroulements du bobinage.

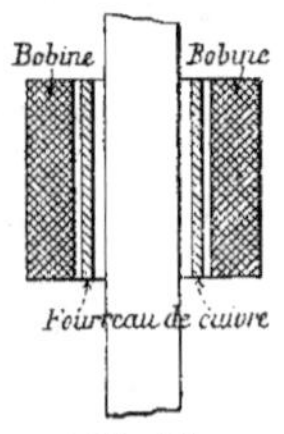

Fig. 55.

On est arrivé, par ces divers procédés, à constituer

des interrupteurs permettant de faire succéder rapidement les ouvertures et les fermetures successives du circuit.

Électro-aimants à fonctionnement continu. — Avec les perfectionnements apportés aux interrupteurs, on peut employer les électros pour un service continu, mais il faut remarquer que le noyau n'est susceptible de mouvement que dans un seul sens. Il faut donc, pour un service continu qui demande un mouvement alternatif, employer deux électros, excités successivement par le jeu d'un commutateur — c'est le cas de la plupart des appareils de chemins de fer — ou avoir recours à un ressort antagoniste rappelant le noyau dans sa position initiale. Le premier procédé convient aux mouvements lents, le second aux alternatives rapides.

On a construit ainsi des perforatrices, où l'électro-aimant bande un ressort qui, par sa détente, actionne le fleuret: dans un type de ces appareils consommant 16 ampères sous 220 volts, et donnant 400 battements à la minute, l'électro donne un effort de 180 kilogrammes avec une course de 0^m15. L'avancement en roche dure (granit) peut atteindre 0^m100 à la minute.

On a constitué aussi des marteaux-pilons à électro-aimant ; celui-ci soulève le pilon qui retombe par son propre poids, lorsqu'on rompt le courant. On peut arrêter, comme dans les pilons à vapeur, le marteau en un point quelconque de sa course ; on a construit ainsi un pilon de 550 kilogrammes avec 1 mètre de course.

Pour toutes les applications continues, l'électro doit être feuilleté pour éviter les pertes par courants de Foucault.

Electro-aimants à courants alternatifs. — Lorsqu'on alimente un électro-aimant avec du courant alternatif, sa force attractive varie avec l'intensité, elle devient nulle en même temps que celle-ci. Si l'armature ou le noyau est sollicité par un effort antagoniste, poids ou ressort, elle prendra un mouvement alternatif dont la fréquence sera le double de celle du courant. On aurait ainsi facilement des appareils à marche continue sans interrupteur. M. Boucherot a proposé cet emploi pour constituer ainsi de véritables moteurs à courants alternatifs.

Lorsqu'on veut employer les électro-aimants à courants alternatifs pour leur force portante au contact, il faut prendre des précautions pour que cette force ne puisse pas s'annuler. Nous citerons comme dispositifs destinés à arriver à ce résultat les suivants :

L'électro-aimant est à trois branches, le circuit d'alimentation I (fig. 56) entoure seulement les branches extrêmes de manière à ce qu'elles forment deux pôles de même nom, la branche centrale étant un pôle conséquent. Un circuit secondaire II fermé sur lui-même est enroulé sur les trois branches, le courant induit dans ce circuit déphasé

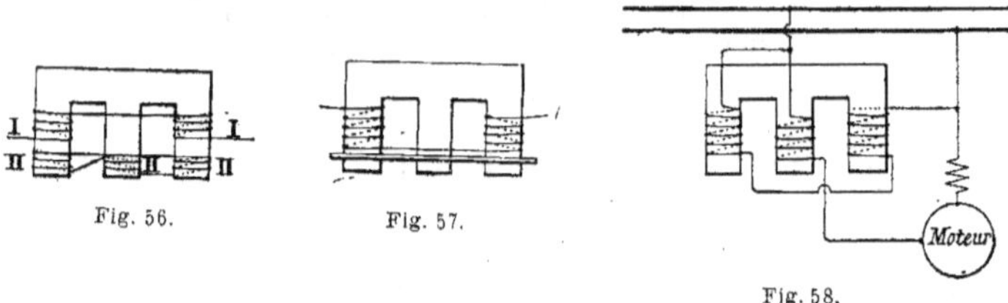

Fig. 56.   Fig. 57.

Fig. 58.

sur le courant primaire modifie le flux et on conçoit qu'on puisse, par un choix judicieux des enroulements, régler ce déphasage de manière que le flux, et par suite la force portante, ne s'annulent jamais.

Le circuit secondaire (fig. 57) peut être réduit à une simple plaque de métal, entourant les trois pôles.

M. Krœmer construit un électro à courant alternatif à trois branches (fig. 58), pour les freins des appareils de levage commandés par moteur alternatif à collecteur. Les deux branches extrêmes sont excitées en dérivation sur le moteur, et la médiane en série avec celui-ci; il en résulte que les courants et les flux sont en quadrature, et le flux total n'est jamais nul.

Remarque.— Dans tous les électros à courant alternatif, les masses magnétiques doivent être feuilletées, pour éviter les pertes par courants de Foucault.

CHAPITRE V

Triage électrostatique des minerais

On a pensé à utiliser les phénomènes électrostatiques, pour la séparation des minerais que leur faible différence de poids ne permet pas de trier mécaniquement, et qui sont à peu près insensibles à l'action magnétique, comme c'est le cas de la pyrite de fer et de la pyrite de cuivre, ou du cuivre gris et de la blende.

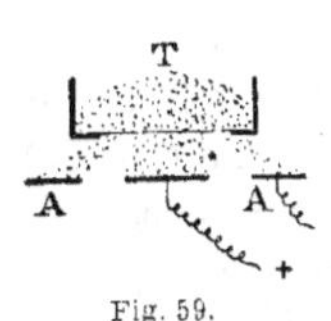

Fig. 59.

Pour faire ce triage, M. Negreanu agite fortement les matières à séparer dans un tamis T, situé au-dessus d'un condensateur à anneau de garde genre Thomson (fig. 59), dont la plaque centrale est reliée au pôle $+$ d'une machine électrostatique et l'anneau au pôle $-$. Les particules s'électrisent par leur frottement mutuel ; celles qui le sont positivement vont se fixer à l'anneau de garde, les autres au disque. On peut séparer ainsi la galène, qui va au pôle $+$, et la blende.

Dans l'appareil de M. Blake (fig. 60), le minerai est entraîné par la courroie en caoutchouc c, sous la plaque métallique M reliée au pôle $+$ d'une machine électrostatique pouvant donner 20.000 volts. Le pôle $-$ de la machine et la courroie sont à la terre. Le minerai chargé ainsi négativement par influence, tombe sous l'action de la pesanteur sur la plaque A électrisée positivement, il se charge alors positivement et est re-

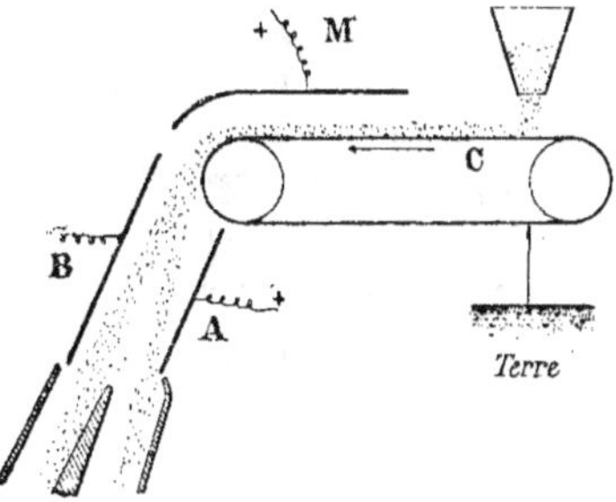

Fig. 60.

poussé vers la plaque B chargée négativement. Mais, cette variation du sens de la charge se fait avec une rapidité qui dépend de la conductibilité et de la susceptibilité du minerai, c'est-à-dire de sa nature. Les différents matériaux vont donc suivre des trajectoires distinctes et, par suite, se trouver séparés.

M. Huff emploie aussi un condensateur, mais chargé à un potentiel variable. Cette charge des électrodes se fait par un circuit oscillant comme celui d'une transmission de télégraphie sans fil (fig. 61), relié à un transformateur donnant une tension de 15.000 volts environ.

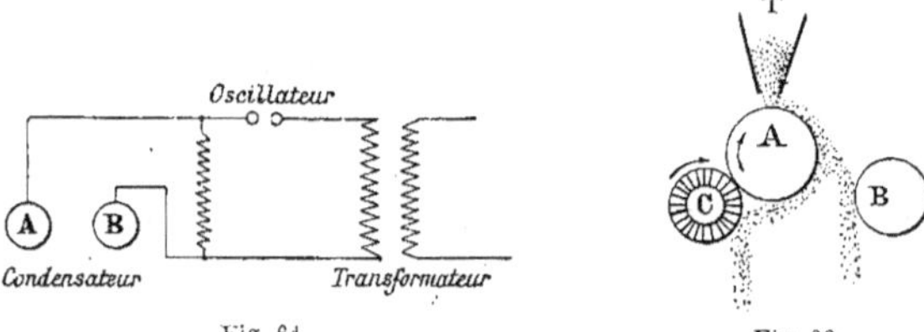

Fig. 61.   Fig. 62.

Le minerai est déversé par le tamis T sur l'électrode A, celle-ci est constituée par un cylindre tournant autour de son axe (fig. 62); les mêmes phénomènes se produisent que dans le trieur précédent, une portion des particules est attirée vers l'autre électrode B, tandis que le reste est entraîné par A, d'où la formation de deux jets de matières distinctes. La brosse tournante C enlève les parcelles qui resteraient adhérentes à A.

D'ordinaire, les minerais métalliques possèdent une conductibilité assez élevée, alors que leurs gangues sont mauvaises conductrices, ce qui en permet la séparation. Toutefois, certains minerais de zinc assez purs, comme la blende claire, sont mauvais conducteurs, ce qui en permet la séparation.

Voici deux résultats de triage électrostatique :

1° *Minerais de Joplin* (*Missouri-Kansas*) (Blende, pyrite et **galène**).

Éléments	Teneur du minerai %	Concentré ferreux 19,79 % Teneur	Concentré zingueux 80,21 % Teneur
Zinc	49,20	3,60	60,69
Fer	9,62	39,24	2,02
Plomb	2,28	8,84	traces
Insoluble (quartz, etc.)	4,60	5,00	3,10

2° *Blende noire de Leadville (Colorado)* (plomb, zinc, fer sous forme de pyrites, pyrrhotines, blende).

Éléments	Teneur du minerai %	Teneur du concentré ferreux	Teneur du concentré zingueux
Zinc	30,37	8,14	51,18
Fer	20,14	35,14	8,80
Plomb	4,60	9,05	0,60
Insoluble (quartz, etc.)	2,30	4,80	2,70

CHAPITRE VI

Soudure électrique

Les raccordements de pièces par la soudure autogène, c'est-à-dire par l'assemblage direct de ces pièces sans interposition de métaux étrangers, ont l'avantage de donner des objets homogènes mécaniquement, et présentant par suite de grandes qualités de résistance, si la soudure est bien faite. Aussi, depuis qu'on sait produire facilement de hautes températures, la soudure autogène est entrée dans la pratique d'un grand nombre de fabrications. Le chalumeau oxhydrique, et surtout celui oxy-acétylénique, très facilement transportable, sont de beaucoup les plus employés pour cet usage, mais il est un certain nombre de cas où la soudure autogène électrique peut être avantageusement utilisée.

On peut procéder à la soudure électrique, soit en utilisant la chaleur Joule, soit en utilisant la chaleur développée par l'arc voltaïque. Ces deux procédés conviennent à des opérations ayant des buts bien distincts.

Soudure par rapprochement ou par incandescence

Principe. — Ce procédé consiste à placer, bien au contact l'une de l'autre les pièces à souder, en les pressant fortement, puis à faire passer dans l'ensemble un courant d'intensité suffisante, pour que le métal s'échauffant puisse se souder sous l'effet de la pression qu'on exerce. L'intensité du courant dépend des dimensions et de la forme des pièces à souder, elle est toujours très grande.

Pratique. — Tous les procédés comportent une paire d'étaux ou de mâchoires, qu'un dispositif tend à rapprocher énergiquement l'un de l'autre. La chaleur nécessaire se produit automatiquement au point voulu, la résistance au contact constituant la plus grande partie de celle du circuit. Le métal se ramollit progressivement jusqu'au moment où les parties, venues au contact intime, se soudent et la résistance diminue. On conçoit, que toute la valeur d'un système résidera dans le dispositif destiné à maintenir les pièces dans la position convenable, et dans les moyens employés pour régler la pression. Parfois le courant est rompu automatiquement, au moment où la soudure est achevée.

La résistance de contact varie avec la pression exercée sur les pièces à souder, la température atteinte dépend donc de cette pression, et de la tension du courant. Il semble donc, que l'opération doive se faire presque automatiquement, cependant l'habileté et le tour de main de l'ouvrier y jouent le plus grand rôle.

Après la soudure on martèle la pièce, surtout si elle est en fer, pour lui rendre son élasticité primitive. Le bourrelet qui se produit à l'endroit de la soudure est enlevé à la lime ou à la meule.

Les surfaces à souder doivent être décapées soigneusement ; pour les métaux dont le point de fusion est inférieur à celui de leurs oxydes, on fait usage d'un fondant — borax — par exemple, qui entre pour une grande partie dans la résistance de contact.

Cette résistance est toujours faible, de sorte qu'on doit employer des tensions basses. Pour le courant alternatif on devra donc recourir à un transformateur, même si on l'a sous les tensions de 110 ou 220 volts, et on l'abaissera ainsi à 3 ou 4 volts. Si l'on produisait ce courant soi-même, il serait nécessaire de prévoir une fréquence aussi basse que possible, de manière à réduire au minimum les effets de la self-induction, dans le cas des gros conducteurs.

On est toujours obligé d'avoir recours à de grosses intensités (100 ampères par millimètre carré pour les barres de cuivre), il est donc nécessaire de faire usage de machines très robustes, et surtout capables de résister aux hautes températures produites par le passage du courant dans leurs enroulements. Ces machines sont ordinairement pourvues d'un dispositif de refroidissement par circulation d'eau.

Emploi de la soudure par incandescence. — La soudure par incandescence, est applicable toutes les fois que les pièces à souder ne doivent être que peu déformées pendant l'opération. C'est ainsi, qu'on l'utilise pour la soudure des rails, des chaudières, des rayons de roue, pour réunir les parties des outils et des pièces rompues qui peuvent se reconstituer par simple rapprochement.

On l'emploie beaucoup en Angleterre et en Amérique, dans les tréfileries.

On peut l'appliquer aux grosses pièces ; la chaleur se propageant du centre vers la périphérie, la soudure se fait dans le même ordre et l'on a par suite une bonne liaison des pièces. Mais on ne pourrait l'utiliser pour souder face à face deux larges tôles, même si l'on disposait du courant nécessaire, car la chaleur ne se répartirait pas régulièrement.

La soudure par incandescence est applicable à tous les métaux, y compris le bismuth, l'antimoine, le magnésium, le laiton et même l'aluminium.

Procédé Lagrange et Hotro. — On réalise le contact dans une atmosphère réductrice. Pour cela, la pièce est plongée dans une solution légèrement acide et forme la cathode ; l'anode est constituée par une lame de plomb ou par la cuve elle-même. Le courant rencontre, comme résistance principale, celle au contact de l'électrolyte et de la pièce, et si l'intensité est assez grande, la pièce est portée au rouge et même au blanc. L'hydrogène produit par la décomposition de l'eau se porte sur l'objet, et réduit l'oxyde qui pourrait s'y être formé.

Ce procédé n'a guère été employé que pour la trempe, le durcissement superficiel des pièces d'acier, et le chauffage des rivets.

Soudure par arc

Principe. — On remplit un vide au moyen d'un métal fondu à la chaleur de l'arc voltaïque. Pour souder des pièces ensemble on les rapproche autant que possible, et l'on fait un moule en graphite autour d'elles ; à l'intérieur de ce moule on coule le métal fondu. Mais le procédé s'utilise surtout, pour boucher les trous provenant de défauts, dans les pièces coulées. La pièce à souder est reliée à l'un des pôles de la machine et forme une électrode de l'arc, l'autre électrode est constituée par le fer à souder.

Ce fer se compose d'un fût creux en fer (fig. 63), sur lequel est vissée la garniture de l'extrémité du câble souple d'alimentation de courant.

Une pince terminée par une partie légèrement tronconique pénètre dans le tube, et y est maintenue par son élasticité; elle porte à son extrémité le crayon de charbon ou de fer d'où jaillit l'arc.

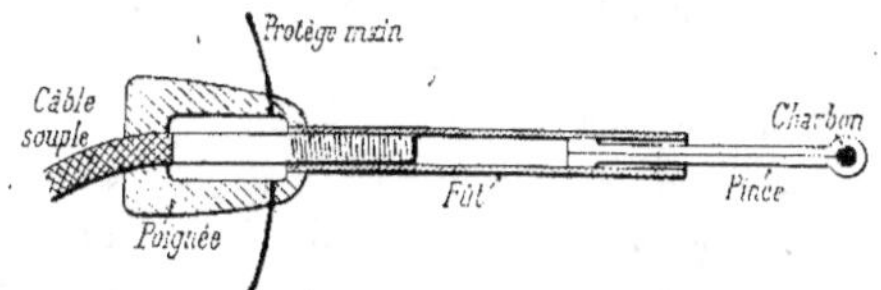

Fig. 63.

Une poignée en bois, munie d'un protège-main contre les étincelles, sert à manier l'outil ; l'ouvrier a la tête protégée par un casque en cuir muni de verres fumés ou colorés, pour garantir la vue contre les effets de l'arc.

Installation d'un poste de soudure (fig. 64). — Le ou les postes de soudure sont alimentés par une génératrice à courant continu à excitation compound, étudiée pour pouvoir supporter les très fortes intensités employées, surtout celles qui ont lieu au moment de l'amorçage de l'arc. La tension, réglée par un rhéostat placé sur l'enroulement dérivation, doit être de 65 volts environ. L'intensité par poste

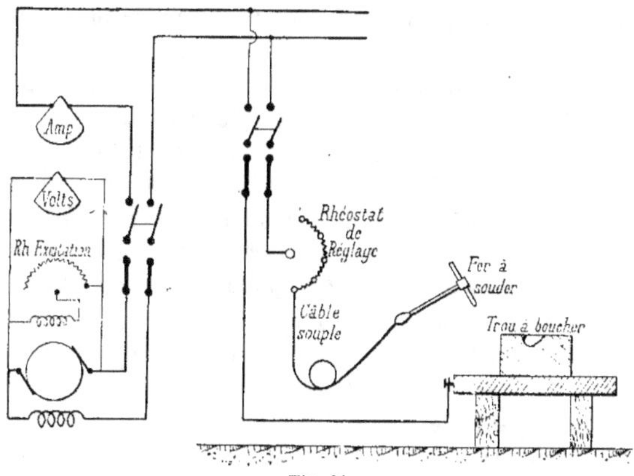

Fig. 64.

ne dépasse pas 250 ampères, et oscille habituellement entre 150 et 200 ampères.

A chaque poste la canalisation, après avoir traversé un interrupteur et un coupe-circuit bipolaires, aboutit pour un des fils directement à la plaque de fonte qui forme la partie supérieure de l'établi, pour l'autre au fer à souder par l'intermédiaire du câble souple. Un rhéostat placé sur ce conducteur sert à la fois comme réglage et comme dispositif de sécurité, la machine ne pouvant se trouver ainsi mise en court-circuit franc au moment de l'allumage de l'arc. Quatre ou cinq plots suffisent au réglage, car les pièces étant classées par l'ouvrier d'après la grandeur des soudures à faire, il travaille toutes les pièces d'une même catégorie avec le même plot de réglage ; il fait, suivant le cas, varier la longueur de l'arc entre 15 et 25 millimètres, pour avoir exactement la température voulue. C'est par l'expérience, d'ailleurs assez rapidement acquise, que l'ouvrier règle le rhéostat et la longueur de l'arc.

Exécution de la soudure au charbon (procédé Bernardos). — Pour le fer et l'acier, le charbon doit être relié au pôle négatif de la machine ; pour les autres métaux, au contraire, on le relie au pôle positif.

La pièce à réparer, ou l'ensemble des pièces à réunir avec les moules qui les entourent est posé sur la table à souder, de manière à avoir avec celle-ci un contact large, pour qu'il n'y ait pas échauffement. Le défaut, ou l'ouverture du moule, doit se trouver placé de manière à ce que la coulée du métal se fasse facilement.

En mettant le charbon du fer à souder au contact de la pièce, l'ouvrier amorce l'arc, il le promène le long des parois du défaut de manière à les réchauffer convenablement. Puis tenant de la main gauche une baguette de métal, il la plonge et la promène dans l'arc, ce qui amène sa fusion. Le métal remplit rapidement la cavité ou le défaut à obturer. Au lieu de se servir d'une barre de métal, on place quelquefois dans la cavité des copeaux, ou des rognures de métal, qu'on fait fondre dans l'arc. On peut recouvrir de sable ou d'une autre poudre à souder, généralement on ne le fait pas, parce que l'atmosphère des vapeurs métalliques qui se produisent au-dessus de la soudure, est suffisamment réductrice par elle-même.

Lorsque la quantité de métal est suffisante, on enlève la barre de fer, on chauffe l'ensemble du métal rapporté et des abords du défaut, puis on martèle la pièce légèrement pour avoir une soudure bien homogène.

Lorsque la cavité à remplir est assez grande, il est nécessaire de le faire en plusieurs fois, en martelant après chaque soudure partielle.

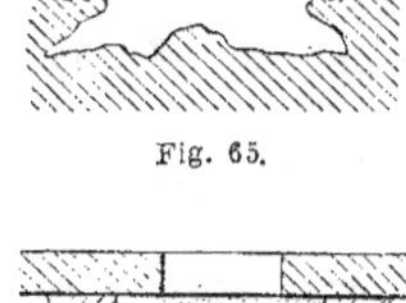

Fig. 65.

Fig. 66.

Il est nécessaire de procéder quelquefois à un travail préparatoire, Ainsi, pour boucher une cavité très irrégulière et peu apparente à l'extérieur, comme le représente la figure 65, on devra d'abord régulariser la cavité en faisant disparaître par fusion les parties telles que A et B.

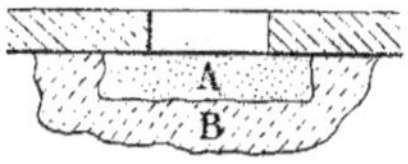

Pour boucher un trou, on doit commencer par le fermer à la partie inférieure (fig. 66) par un tampon réfractaire A, maintenu par un mastic quelconque B.

Soudure au métal (procédé Slavianoff). — Quand l'électrode du fer est formée par une tige de métal, le mode opératoire reste sensiblement le même ; on amorce l'arc comme on vient de le dire, mais ici l'électrode fond et remplit le trou, il n'y a donc pas besoin de manier une seconde baguette de métal, mais il faut remplacer les électrodes au fur et à mesure de leur usure.

Pour la fonte, on réunit la tige au pôle positif afin de ne pas avoir une fonte blanche et dure. Pour le fer et l'acier c'est l'inverse, car c'est la pièce qui doit être chauffée fortement. Pour la soudure du cuivre rouge, l'électrode mobile est réuni au négatif, tandis qu'elle l'est au positif pour le bronze et le laiton. On ajoute un peu de phosphore pour rendre fusible les scories de cuivre. Pour le bronze, les électrodes doivent comprendre 89 % de cuivre et 11 % d'étain, sans zinc qui brûlerait complètement, ni plomb qui donnerait des vapeurs dangereuses.

Comparaison des soudures au charbon et au métal. — La soudure faite au charbon est plus dure que celle faite au métal, on ne doit donc pas l'employer lorsqu'il faut faire subir à la pièce un usinage assez important, après la soudure.

La soudure au charbon est beaucoup plus facile à réaliser que celle au métal, car dans le second cas on doit faire fondre ce dernier tout en évitant de prolonger le court-circuit, ce qui serait cause que l'électrode elle-même se souderait à la pièce.

Le charbon, donnant naissance à un arc à haute température, est difficilement employé avec la fonte que, à cause de cette température, il transformerait en fonte blanche très dure. Avec le soudoir en métal, la température est abaissée par le fait même de la fusion de l'électrode.

Lorsqu'on coule dans des moules en métal, n'employer que des tiges en fonte grise et en ferrosilicium.

La diminution de température est encore accrue, si on jette pendant l'opération des morceaux de métal dans le bain en fusion.

Pour les alliages de cuivre, sauf le bronze phosphoreux, l'emploi de l'électrode de charbon donne une oxydation trop vive.

Lorsque le défaut est de grande dimension, et qu'on doit faire l'opération en plusieurs passes, le procédé au charbon laisse subsister entre les couches des enduits d'oxyde, ce qui n'a pas lieu avec celui au métal où le bain étant toujours liquide, les oxydes remontent à sa surface et sont facilement enlevés.

Avec l'électrode en charbon, la flamme qui se produit quelquefois sur elle peut dévier autour du défaut, et le travail est compromis. Avec le métal, au contraire, l'arc suit toujours les gouttes dans leur chute, et l'endroit où tombe la goutte est toujours bien réchauffé.

La méthode au charbon exige un forgeage inutile avec le procédé au métal.

En général, pour toutes les pièces minces : tôles, tubes, fils, lames, pièces fabriquées en grand nombre, réparation de défauts extérieurs, on emploie l'électrode en charbon à cause de sa grande commodité. Pour les grosses pièces où il faut plus de métal, pour la fonte et les alliages de cuivre, pour les superpositions de couches de métal, pour les pièces devant être travaillées ultérieurement, on utilise l'électrode en métal.

Remarques diverses. — Quel que soit le mode opératoire, la soudure ne demande pas plus de deux à trois minutes pour être exécutée.

Un bon ouvrier arrive à remplir les cavités exactement, de manière à ne pas avoir besoin de buriner après pour enlever l'excédent. On augmente la rapidité en employant deux postes, l'aide prépare les pièces sur l'un pendant que l'opérateur répare sur l'autre. On peut arriver ainsi à réparer un millier de pièces par jour.

Résultats et emplois de la soudure à l'arc. — La résistance mécanique de la soudure est souvent supérieure de 90 à 98 % à celle du métal des pièces, surtout lorsque soudure et pièces ont des sections égales. Pour des barres de 50×5 millimètres à 50×12 millimètres, la résistance de la soudure électrique est égale à 1,18 fois celle de la soudure forgée.

On peut employer la soudure à l'arc pour toutes sortes de travaux, mais il faut alors un dispositif spécial pour chaque genre d'opération. Elle convient surtout aux corrections apportées aux pièces fondues, pour remédier aux défauts provenant de la coulée. Elle permet l'utilisation d'un grand nombre de lingots qu'on devrait rebuter sans cela.

Remarque générale. — Les deux procédés de soudure électrique, par incandescence et par l'arc, demandent des installations et des machines spéciales, à cause des grandes intensités mises en jeu. C'est pourquoi, ce sont surtout des procédés d'usine à employer à poste fixe.

CHAPITRE VII

L'Électricité dans l'agriculture

Au point de vue des applications à l'agriculture, il faut envisager deux points de vue bien distincts : 1º l'emploi de l'électricité comme agent biologique, agissant directement ou non sur la végétation des plantes, pour augmenter le rendement des exploitations : c'est ce qui constitue l'*électroculture proprement dite* ; 2º son utilisation pour les travaux agricoles, comme agent moteur d'éclairage, de chauffage, etc. C'est ce qu'on nomme souvent *électro-culture indirecte*.

Électroculture proprement dite [1]

Au point de vue biologique, l'électricité peut intervenir de trois façons : 1º par son action directe : *électrisation des plantes* ; 2º en produisant de la lumière agissant sur les plantes ; 3º comme agent de fixation de l'azote atmosphérique et pour fournir au sol les composés azotés nécessaires.

Electrisation des plantes.

La connaissance, quoique encore bien imparfaite, que nous possédons actuellement des mouvements électriques qui se produisent constamment dans l'atmosphère ou dans le sol, nous laisse présumer que ces phénomènes ne doivent pas être sans influence sur la végétation. Le fait que l'action d'une pluie d'orage sur les cultures est plus vivifiante que celle d'une pluie ordinaire, nous conduit à supposer que cela provient de ce que les phénomènes électriques atmosphériques sont alors plus accentués. La production de l'ozone qui accom-

---

(1) Nous avons beaucoup utilisé pour la rédaction de cette partie l'article de M. J. Escard sur les *Applications de l'Électricité à l'Agriculture* (*Revue d'Électricité*, 1912).

pagne les coups de foudre, est une cause d'accroissement du développement des plantes.

Sous l'action de l'électricité, l'azote et l'oxygène de l'air, en présence de l'humidité du sol, donnent avec les éléments de celui-ci des nitrates directement assimilables, qui fourniront un appoint sérieux à la nutrition des plantes. Le fait que sous l'action d'une tension électrique statique, l'eau s'élève davantage dans un tube capillaire, permet de préjuger que la circulation de la sève, et les échanges nutritifs, doivent s'accélérer sous l'effet de l'électricité atmosphérique.

Pour faire de l'électroculture, on peut procéder de deux façons distinctes :

1º *On fait parcourir le sol par des courants électriques* ;

2º *On soumet toute la plante à une sorte de rayonnement électrique*, en la faisant servir à la décharge de la source électrique.

Électrisation du sol. — Le procédé est simple : deux électrodes à grande surface (fig. 67) sont plongées dans le sol et reliées aux deux pôles d'une source, soit à courant continu, soit à courant variable, comme une bobine d'induction. Les électrodes doivent être de même nature, pour ne pas donner lieu à une force contre-électromotrice, et ne pas se détruire par suite des effets d'électrolyse ; ce seront des électrodes en charbon, par exemple. On peut supprimer la source en constituant les électrodes par des plaques de nature différente (zinc et charbon), qu'on réunit par un conducteur (fig. 68). On forme alors une pile en court-circuit, et le courant passe dans la masse de terre située entre les électrodes et qui constitue la résistance intérieure de cette pile. Dans tous les cas, la terre doit être humide pour donner passage au courant.

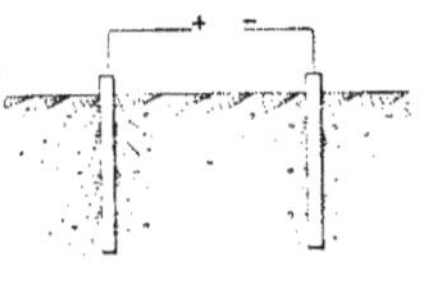

Fig. 67.

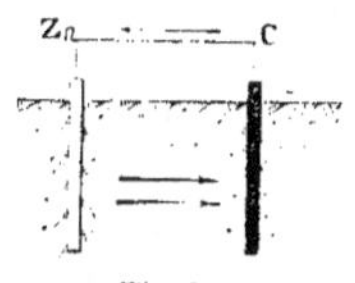

Fig. 68.

Les résultats obtenus avec le *courant continu* ont été assez peu encourageants, il semble résulter des expériences de MM. Kovessi et Lazerges que l'action serait tantôt favorable, tantôt défavorable. Pour une intensité assez faible, le courant continu favorise la germination, puis, lorsque cette intensité augmente, l'effet est nuisible, les graines germent lentement et difficilement. Avec le courant d'induction, d'après Kinney, la germination serait accrue de 30 % ainsi que celle de la plantule, à condition de pas dépasser 1 volt comme différence de potentiel induite dans le premier cas, 3 volts dans le second ; le développement des tiges serait de 13 % inférieur à celui obtenu par la croissance naturelle.

Le procédé par électrisation du sol paraît donc devoir être peu pratique, car il nécessiterait probablement des réglages assez peu faciles à réaliser, à cause des conditions multiples dans lesquelles on opère, et ne présente pas le caractère de simplicité qui doit être celui d'une méthode culturale.

Electrisation de la plante. — On dispose, au-dessus du sol, un réseau de fils métalliques relié à une des bornes d'une source à haute tension, dont l'autre borne est mise à la terre. Il se produit ainsi entre le réseau et le sol des décharges qui influent sur la végétation. Lemstrom, qui étudia le premier ce procédé, obtint au bout de 164 heures de traitement une augmentation de récolte de :

$$3,3 \text{ % pour le tabac ;}$$
$$8,7 \text{ % — les carottes ;}$$
$$11,2 \text{ % — les betteraves ;}$$
$$11,1 \text{ % — les fèves.}$$

Pour les céréales la germination est activée, les plantes sont plus vigoureuses, et la récolte de meilleure qualité; on obtient ainsi un excédent de 15 à 26 % pour le froment ; 16 à 32 % pour le seigle.

A Pétrova, près de Prague, le réseau formait un filet à mailles carrées de 10 mètres de côté, placé à 4 mètres au-dessus du sol pour ne pas gêner les travaux. Il était chargé à 100.000 volts, par des transformateurs dont le courant était redressé au moyen de soupapes électrolytiques. La consommation primaire a été très faible (120 volts × 2 ampères), on ne travailla que quelques heures par jour. On interrompait le courant quand il pleuvait, les pertes par défaut d'isolement du filet étant alors trop considérables, et aussi pendant les grandes chaleurs, l'électrification lorsque la terre est sèche étant nuisible. On aurait, paraît-il, ainsi doublé le rendement des récoltes.

On rend la décharge plus facile et mieux répartie sur le sol, en munissant le filet de pointes dirigées vers le bas, et en plantant en terre de petits conducteurs.

Ce procédé semble donc devoir donner des résultats avantageux.

L'emploi des courants, outre son effet biologique sur les plantes, présente aussi l'avantage de débarrasser le sol des insectes nuisibles, ceux-ci fuyant les terrains électrifiés.

Utilisation directe de l'électricité atmosphérique. — Les procédés qu'on vient d'indiquer ont, somme toute, pour but de réaliser d'une façon quotidienne, au moyen d'une source d'électricité artificielle, les phénomènes qui se produisent naturellement par les temps orageux.

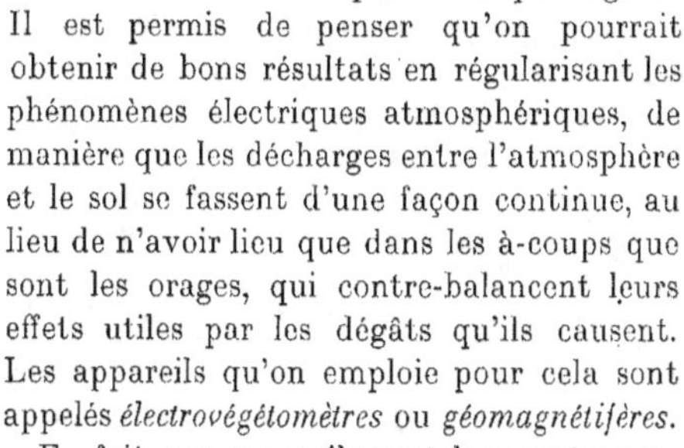

Il est permis de penser qu'on pourrait obtenir de bons résultats en régularisant les phénomènes électriques atmosphériques, de manière que les décharges entre l'atmosphère et le sol se fassent d'une façon continue, au lieu de n'avoir lieu que dans les à-coups que sont les orages, qui contre-balancent leurs effets utiles par les dégâts qu'ils causent. Les appareils qu'on emploie pour cela sont appelés *électrovégétomètres* ou *géomagnétifères*.

En fait, ces appareils sont des paratonnerres plantés régulièrement dans le terrain à cultiver, et ayant un bon contact avec le sol.

Le lieutenant Basty emploie de simples paratonnerres constitués par une tige métallique de 0^m80 à 2 mètres de long, terminée par une pointe en alliage bon conducteur et inoxydable. Ils sont enfoncés jusqu'à la profondeur normale des racines. Chaque paratonnerre agit efficacement à l'intérieur d'un cercle ayant sa hauteur pour rayon.

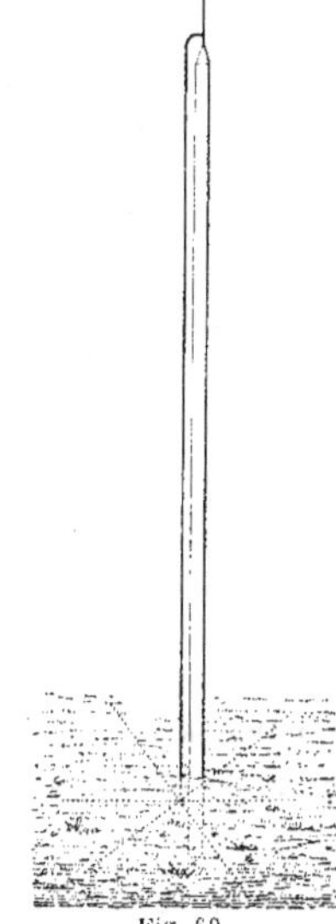

Fig. 69.

On emploie aussi de longues perches en bois (Fr. Paulin, dispositif de Narkewitschyodko), portant à leur partie supérieure (fig. 69) un faisceau de pointes réuni au sol par des conducteurs, en cuivre de préférence (le fil de fer galvanisé se détruisant rapidement) et, qui se ramifient dans le sol à la base du poteau ; on les termine quelquefois par de véritables plaques de terre en zinc, enterrées à très faible profondeur. M. Spechnew emploie comme collecteurs d'électricité au sommet des perches, des couronnes armées de pointes, et il les réunit entre elles par des fils formant réseau au-dessus du champ. Ce réseau est mis à la terre, de distance en distance, par des fils conducteurs.

Il est bon de prévoir les fils de terre en deux parties qu'on peut réunir au moyen d'une jonction par douille. On peut ainsi supprimer l'électrification par les temps très secs où elle est nuisible.

Ce procédé a donné des résultats excellents : la *période de germination est moins longue*, la *maturité est avancée* et le *rendement accru*.

Le Fr. Paulin a obtenu ainsi un accroissement de récolte de 40 % en poids pour les pommes de terre, 25 à 83 % pour des épinards. A Narkewitschyodko, les résultats n'ont pas été très favorables pour l'orge et les pommes de terre, mais pour les fruits la production s'est accrue de 40 %. Le procédé Spechnew a donné les résultats suivants :

	Bénéfice %	
	en volume	en poids
Seigle	28	28
Blé	56	56
Avoine	57	62
Orge	48	55
Pois	22	25
Trèfle	32	31
Pommes de terre	11	11
Lin	42	44

On a obtenu aussi des rendements satisfaisants pour la paille. En outre, il n'y a eu qu'un très petit nombre de plantes malades.

Le lieutenant Basty a eu aussi des résultats très satisfaisants pour les épinards, les fraisiers, etc...

Résultats au point de vue économique. — D'après M. J. Escard (*Les Applications de l'Électricité à l'Agriculture*), le bilan d'une installation d'électroculture par source artificielle pourrait s'établir ainsi, pour une superficie de 25 hectares :

Frais de premier établissement :

Appareils producteurs d'électricité à haute tension pour une puissance de 500 watts	3.125. »
Installation du champ	3.125. »
Total	6.250. »

L'installation étant mise en service dix heures par jour, consomme quotidiennement 5 kilowatts-heure ; en comptant le kilowatt-heure à 0 fr. 25, on aura une dépense de 1 fr. 25. En tablant sur cent cinquante jours de marche par an, le coût total annuel sera :

Intérêt du capital engagé (6.250 fr. à 5 %)	312.50
Amortissement du capital engagé (6.250 fr. à 7 %)	437.50
Consommation de courant (150 jours à 1 fr. 25)	187.50
Réparations diverses	125. »
Main-d'œuvre spéciale : un homme pendant 2 heures par jour.	250. »
Total	1.312.50

En culture ordinaire, les 25 hectares plantés en blé rapportent en moyenne 12.500 fr. de grains ; en tenant compte d'une augmentation de 30 % pour ceux-ci, et admettant que celle en paille est compensée par le supplément d'engrais nécessaires, l'accroissement de recettes serait : 12.500 × 0,30 = 3.750 laissant un bénéfice net de 3.750 — 1.312,50 = 2.437 fr. 50.

La recette brute a donc cru de 20 % environ ; en considérant que dans les cultures habituelles, l'intérêt du capital engagé ne dépasse pas 2 à 3 % et le rendement 15 %, le bénéfice net serait accru de 25 % ; pour de plus grandes étendues, les dépenses ne croissant pas proportionnellement, on pourrait arriver à une augmentation de 40 %.

L'emploi des géomagnétifères ne nécessite que les frais de premier établissement, puisque l'énergie est empruntée à la nature elle-même. Etant donné ce que nous avons dit sur les rendements obtenus, les bénéfices seraient certainement plus considérables que ceux de l'électroculture avec source artificielle.

Dans tous les cas, il découle des quelques considérations économiques qui viennent d'être exposées, que l'électroculture est dès maintenant un procédé qui doit sortir du domaine du laboratoire, pour entrer dans celui de la pratique.

Emploi de la lumière électrique.

On sait quelle influence la lumière solaire exerce sur la végétation ; l'électricité permettant d'avoir artificiellement de grandes intensités lumineuses, il est permis de songer à son emploi pour suppléer ou s'ajouter à la lumière naturelle, afin d'activer la vie végétale. D'une façon générale, l'action physiologique exercée par les différentes

sources lumineuses électriques a conduit à étudier de près les différentes radiations, et a amené à constater que, si certaines radiations
pouvaient être utiles, d'autres, au contraire, exerçaient une action nuisible. En particulier les radiations ultra-violettes, destructives des
tissus et des microbes, ne pourront pas être employées.

Les diverses sources lumineuses électriques donnent naissance,
suivant leur nature, à des radiations très différentes, et leur choix
en dépendra. C'est donc une étude, qui n'est pas encore complètement
terminée à ce jour, qui permettra de juger si l'adaptation de la lumière électrique à la culture peut entrer dans le domaine de la pratique.

Les expériences ont surtout porté sur les lampes à arc, seules capables
de donner des intensités lumineuses suffisantes, tout en ne consommant
que relativement peu d'énergie. On n'en a encore fait que peu sur les
lampes à vapeur de mercure, et il y aurait lieu d'examiner l'usage
des nouvelles lampes, telles que celles au néon.

La nature des radiations émises par l'arc dépend, en grande partie,
de celle des électrodes entre lesquelles il jaillit, (charbon pur, charbons minéralisés, métal).

La lumière agit sur les végétaux en développant la chlorophylle,
qui décompose l'acide carbonique en oxygène rejeté dans l'air, et en
carbone qui se fixe sur la plante. La continuité de la lumière faisant
agir la fonction chlorophyllienne d'une façon constante, la plante
augmente sa nourriture, et par suite son accroissement.

Cette continuité de la formation de la chlorophylle a été bien mise
en évidence, par les expériences de M. Gaston Bonnier. Non seulement
celle-ci est accrue dans les parties qui en contiennent normalement,
mais il en apparaît encore dans les autres tissus, dans la moelle des
branches, par exemple. Il peut donc en résulter un bourrage de
chlorophylle, constituant ce que M. Bonnier a appelé l'*étiolement vert*.
Des tubercules de crosnes du Japon sont devenus verts jusqu'au
centre. La plante assimile alors une quantité énorme de carbone.

Ce développement de la chlorophylle n'est possible, que si la lumière ne contient pas de rayons ultra-violets qui détruisent cette
chlorophylle, et sont par suite mortels pour la plante ; celle-ci germe
bien, mais dès que la chlorophylle commence à se former, elle est
détruite immédiatement et la plante meurt.

Ceci explique pourquoi, dans les expériences où on a employé des lampes à feu nu, les plantes ont souffert et ont été rapidement grillées ; on a constaté que leurs cellules épidermiques étaient profondément altérées, et que la chlorophylle y avait disparu. Cela tenait aux rayons ultra-violets émis par l'arc. Pour empêcher cet effet, il suffit d'entourer l'arc d'un globe de verre qui ne se laisse pas traverser par les rayons ultra-violets.

Moyennant les précautions nécessaires pour se garantir contre les rayons nocifs, l'illumination électrique des plantes donne des résultats satisfaisants ; c'est ainsi qu'on a pu obtenir les augmentations de récolte suivantes :

Fraises	35 %
Pommes de terre	50 %
Betteraves	35 %
Céréales	20 à 40 %

La mise en pratique, sur une grande échelle, de ce procédé de culture présente encore des difficultés sérieuses, mais il semble que dès maintenant il pourrait trouver un emploi utile dans la culture horticole, particulièrement pour le forçage en serre.

Fixation de l'azote atmosphérique.

Bien qu'on puisse considérer que l'électrisation du sol ou des plantes ait pour effet de fixer en grande partie l'azote de l'air, nous entendons plus spécialement sous ce titre la fabrication électrique des engrais azotés, en partant de l'azote de l'air.

Parmi les engrais utilisés en agriculture, figurent en première ligne les azotates et les produits ammoniacaux. Il est de plus en plus nécessaire d'avoir recours à l'engrais azoté, car au fur et à mesure que les populations croissent, la surface cultivable n'augmente que beaucoup plus lentement, et il faut que le rendement du sol soit de plus en plus grand. Pour cela, il faut rendre à la terre ce qui lui est enlevé à chaque récolte ; en France, en particulier, la récolte annuelle représente à peu près 600.000 tonnes d'azote fixées dans les plantes. Il n'en retourne au sol, sous forme de fumier, que 300.000 tonnes environ. Les gisements d'azotates naturels du Chili ne fournissent qu'un appoint insuffisant (31.000 tonnes environ), et ils vont en s'épuisant ; la fabrication des engrais artificiels s'impose donc. Pour les engrais ammoniacaux qu'on retire, comme produits secondaires, de la fabrication du coke et du gaz, des gaz des hauts fourneaux, etc..., il ne semble pas qu'on ait à craindre la disette pour le moment, mais il faut dès maintenant parer au déficit des azotates. On a commencé dans cette voie, et on peut espérer arriver au but poursuivi par la fixation directe de l'azote de l'air, sous la forme de la cyanamide calcique ($CaCAz^2$) et de l'azotate de calcium. Quoique ces fabrications soient traitées dans le fascicule 45 (*Fours électriques*), nous en dirons cependant quelques mots.

Cyanamide calcique (*Chaux azotée*). — La fabrication de la cyanamide calcique est un procédé de fixation indirecte de l'azote par l'électricité. On commence en effet par fabriquer au four électrique du carbure de calcium (CaC^2) et on fait passer sur celui-ci, chauffé à 1.200°, de l'azote pendant dix-huit à trente heures; la réaction qui se produit est la suivante :

$$CaC^2 + Az^2 = CaCAz^2 + C.$$

On obtient ainsi un mélange de cyanamide et de carbone. La cyanamide en présence de l'eau donne de l'ammoniaque :

$$CAz^2 + Ca3H^2O = CaCO^2 + 2AzH^3.$$

C'est cette réaction qui se produit dans le sol, la cyanamide agit donc comme un engrais ammoniacal. Elle s'emploie aux mêmes doses que le sulfate d'ammoniaque, et donne des résultats légèrement supérieurs, comme le montre le tableau suivant de la production pour un hectare :

	Grain	Paille
	kgs	kgs
Cyanamide	3.852	5.200
Sulfate d'ammoniaque.	3.140	4.200
Sang desséché	3.548	4.800
Sous-engrais	2.964	3.840

En comptant un prix de 50 fr. pour le kilowatt-an, le prix du kilogramme d'azote fixé reviendrait, d'après M. A. Guye, de 1 fr. 35 à 1 fr. 57 alors qu'il est de 1 fr. 55 avec l'azotate du Chili, 1 fr. 45 avec le sulfate d'ammonium, 2 fr. 25 avec l'acide nitrique du commerce. D'après d'autres auteurs, le prix de revient de la cyanamide serait moins élevé que ne le dit M. Guye et son emploi, tout en étant rémunérateur pour le fabricant, serait beaucoup plus nettement économique pour le consommateur que celui des engrais que nous venons de citer.

Production de l'acide nitrique et du nitrate de chaux. — Cette production est basée sur l'expérience classique de Priestley, de la combinaison directe de l'azote et de l'oxygène de l'air en présence de l'arc électrique. Il se forme d'abord de l'oxyde azotique AzO qui, en présence de l'excès d'oxygène et de la vapeur d'eau, donne de l'acide azotique, et de l'acide azoteux qui se transforme lui-même en acide azotique, produit final des réactions suivantes :

$$AzO + O = AzO^2$$

$$2AzO^2 + H^2O = HAzO^3 + HAzO^2$$

$$2HAzO^2 = AzO^2 + AzO + H^2O.$$

L'acide azotique étant d'un transport difficile, on le transforme en azotate de chaux.

Pour obtenir un bon rendement, il faut ménager entre l'air et l'arc électrique la plus grande surface de contact possible. Braley et Lovejoy employaient pour cela un arc jaillissant sous une tension de 8.000 à 10.000 volts continus, entre des électrodes tournantes et des électrodes fixes. Le procédé n'a pu recevoir une application définitive et pratique, l'appareil formant presque court-circuit à cause du grand nombre d'arcs employés.

M. Moscicki emploie un arc à 3.000 volts, tournant sous l'effet d'un champ magnétique.

Dans le procédé Birkeland et Eyde, employé dans l'usine de Novodden, en Norvège, on utilise la propriété qu'a l'arc alternatif de prendre la forme d'un disque, lorsqu'il jaillit au milieu d'un champ magnétique de direction normale à celle des électrodes.

La Badische Anilin emploie un arc fixe, où passe l'air en tourbillonnant.

La température à laquelle a lieu la réaction est un des facteurs importants de la production. D'après Nernst, la proportion d'oxyde azotique dans le mélange gazeux serait la suivante, selon la température :

Températures absolues	Oxyde azotique %	
	d'après le calcul	d'après l'expérience
1811°	0,37	0,37
2033	0,67	0,64
2195	0,98	0,97
3200	4,40	5,00

Théoriquement, le kilowatt-an donnerait 819 kilogrammes d'acide azotique à 2.923° centigrades, et 1.850 à 3.923°. Pratiquement, les résultats sont inférieurs, car la réaction est réversible, et l'oxyde azotique est détruit en partie, lorsque les gaz sont refroidis ; on obtient 500 à 600 kilogrammes d'acide azotique par kilowatt-an. En réalité, la chaleur n'intervient pas seule, et l'électricité agit probablement en même temps, par ionisation de l'azote et de l'oxygène.

La transformation de l'oxyde azotique en acide azotique se fait dans des tours en grès ou en granit, de 4 mètres carrés de section sur 10 mètres de haut, remplies aux trois quarts de quartz sur lequel coule constamment de l'eau. L'acide recueilli est à 50 % de concentration.

L'azotate de chaux est préparé par l'attaque directe, méthodique du calcaire par l'acide. La dissolution est évaporée dans des chaudières chauffées par les gaz chauds qui s'échappent des fours électriques. En ajoutant à la dissolution une quantité convenable de chaux vive, on obtient du nitrate basique.

L'azotate de chaux a une teneur très stable en azote, sa valeur fertilisante est équivalente à celle de l'azotate de soude du Chili.

L'usine de Notodden a, à elle seule, une production annuelle de 20.000 tonnes d'azotate de chaux.

Le prix de revient du kilogramme d'azote ainsi fixé serait d'environ :

1 fr. 15 pour l'azote contenu dans l'acide azotique
1 fr. 25 — — dans l'azotate de calcium

prix inférieurs à ceux donnés pour les autres engrais.

Autres procédés. — On peut citer encore, comme autre procédé, la fabrication de l'azoture d'aluminium, par l'action de l'azote extrait de l'air liquide sur un mélange de carbone et d'alumine, placé dans le four électrique.

La fabrication des engrais azotés par la fixation de l'azote atmosphérique est un procédé économique, grâce auquel on peut écarter les craintes que causait l'appauvrissement du sol, par suite de la diminution des engrais naturels. Par ce moyen, l'énergie presque inépuisable des chutes d'eau placées, pour la plupart, dans des endroits stériles, sera employée à la conservation et à l'amélioration des plaines fertiles situées loin d'elles.

Emploi de l'électricité pour les travaux agricoles [1]

La caractéristique des travaux agricoles a été, jusqu'ici, d'être exécutés, presque entièrement, avec des moteurs animés (hommes et animaux). Pendant longtemps, on s'est contenté de quelques instruments simples, et on effectuait les travaux à loisir au fur et à mesure que s'écoulaient les saisons. L'augmentation de la population conduisit à accroître le rendement de la terre de plus en plus, et cela au moment même où, par suite de circonstances diverses, la main-d'œuvre se raréfiait en même temps que son prix augmentait. Aux vieilles méthodes de culture, on dut en substituer de nouvelles plus intensives, mais exigeant un travail plus considérable de la terre, ce qui réduisit d'autant le temps qu'on pouvait consacrer à chaque opération. On devait, en même temps, chercher encore à réduire cette durée des travaux, pour se mettre à l'abri des intempéries, causes des plus grandes pertes que subit l'agriculture.

C'est ainsi que peu à peu, se sont introduits des instruments agricoles perfectionnés, de manière à augmenter le rendement du moteur animé. La mécanique agricole est devenue ainsi une branche florissante de l'industrie, et a atteint progressivement un grand degré de perfection : batteuses, moissonneuses, semoirs, etc., sont entrés dans la pratique courante. Si perfectionnés que soient ces engins, ils ont encore

---

1) La plupart des chiffres cités dans cette étude sont empruntés à M. P. LECLER. Congrès d'Electricité de Marseille, *Bulletin de la Société Internationale des Electriciens*, 1912.

le défaut de tous ceux conduits par les moteurs animés: la lenteur et la faiblesse de débit, et souvent un rendement économique faible ; aussi tend-on à introduire de plus en plus le moteur mécanique dans l'agriculture, et la motoculture tend-elle à prendre de plus en plus d'extension. Le moteur à vapeur et le moteur à pétrole se sont introduits successivement en culture, et l'électricité est venue elle-même apporter son appoint, là comme dans toutes les applications de l'énergie. L'électroculture est donc appelée à jouer un grand rôle, étant donnée, l'importance de l'énergie à fournir, qu'on peut évaluer de 150 à 200 kilowatts-heure par hectare, pour l'ensemble de tous les travaux à effectuer dans une exploitation.

Cette nouvelle application ne va pas sans soulever quelques difficultés, comme d'ailleurs la motoculture en général. On ne peut en effet songer à substituer, dans la plupart des cas, purement et simplement un moteur mécanique au moteur animé, les conditions de vitesse et d'effort dans lesquelles travaillent chacun d'eux étant trop différentes.

Au point de vue de la culture mécanique, on doit envisager de façons distinctes les travaux à faire *à l'extérieur de la ferme*, et ceux au contraire qu'on opère *à l'intérieur* de celle-ci.

Travaux à l'extérieur de la ferme.

Au point de vue mécanique, la plus grande partie des travaux du sol consiste à promener à sa surface un instrument : charrue, rouleau, herse, moissonneuse, etc. De tous ces travaux, le plus important est le labourage et ses variétés : quasi-labours, déchaumage…. Le labourage est d'ailleurs le seul travail pouvant nécessiter l'emploi de la force mécanique, les autres ne demandant qu'une très faible énergie, qu'il est plus économique d'obtenir par l'emploi des animaux ; ou se prêtant mal, comme les sarclages, par exemple, à une opération mécanique par suite des précautions à prendre, pour diriger l'instrument de manière qu'il n'abîme pas les plantes utiles.

Labourage électrique. — Le labour a pour but d'ameublir le sol, et de permettre aux agents atmosphériques de pénétrer dans son intérieur, pour y agir sur la végétation. Le labour ordinaire se fait à la charrue dont le soc et le coutre découpent la terre, qui est ensuite rejetée sur le côté par le versoir. L'effort demandé dépend, à la fois de la forme des pièces de la charrue, et de la nature du sol. On le rapporte généralement au décimètre carré de la section du prisme de terre travaillé, 50 kilogrammes en moyenne pour une profondeur moindre de 0^{m}30 ; 60 à 100 kilogrammes pour les profondeurs plus grandes. En fait, le rapport de la profondeur à la largeur de la bande de terre travaillée varie peu, et on peut admettre que l'effort en kilogrammes pour une charrue à un soc est :

$$E = 2/3\ p^2,$$

p étant la profondeur en centimètres. Pour une charrue à n socs il serait $2/3\ np^2$.

Un des principaux avantages du labourage mécanique est de pouvoir labourer aussi profondément qu'on veut, ce qui produit une amélioration du rendement. Avec le labourage mécanique, on peut aller jusqu'à 50 et même 80 centimètres de profondeur, alors qu'avec deux bêtes on ne peut guère dépasser 20 centimètres, 25 avec quatre et difficilement 35 en augmentant les attelages; ce qu'on ne peut faire qu'en grande culture, où on dispose d'animaux d'une façon presque illimitée.

La première idée qui vient à l'esprit pour faire du labourage mécaniquement, est de prendre une charrue à plusieurs socs, et d'y atteler un tracteur mécanique.

Labourage par tracteur. — D'une façon générale, le labourage par tracteur est difficile à organiser, en raison, d'une part, des variations continuelles de l'effort résistant et, d'autre part, de celles de l'adhérence des roues du tracteur sur un sol plus ou moins meuble, qui, aussitôt que la roue se met à patiner, cède et est enlevé par celle-ci qui s'enterre rapidement, et se cale complètement. C'est pour parer à cet inconvénient qu'on cherche à substituer à la charrue, dans le labourage automobile, des appareils à disque tournant découpant la terre, des piocheuses, etc., dont le mouvement soit bien d'accord avec celui de locomotion. Quelle que soit la solution adoptée pour l'appareil de culture, l'emploi de l'électricité semble ici difficile à réaliser, comme pour toutes les locomotions automobiles indépendantes ; l'accumulateur est en effet à rejeter pour les raisons bien connues. L'alimentation par prise de courant extérieure est assez difficile à réaliser, car il faut tendre constamment les câbles pour éviter qu'ils ne s'usent sur le sol. Aussi, le mode le plus employé est le labourage par treuil.

Labourage par treuil. — La charrue est tirée par un câble métallique, qui s'enroule sur un treuil actionné par un moteur quelconque, électrique dans le cas que nous envisageons ; après le tracé de chaque rais le treuil s'avance de la longueur du sillon. Pour pouvoir travailler à l'aller comme au retour, on utilise une *charrue à bascule*, formée de deux charrues dont l'ensemble peut basculer autour d'un axe perpendiculaire à la direction du sillon. Suivant le travail à effectuer, chacune de ces charrues est mono ou polysoc.

La charrue devant travailler dans un sens comme dans l'autre, doit être tirée de chaque côté. On peut utiliser pour cela deux systèmes : 1° placer un treuil à chaque extrémité du champ, chacun d'eux travaillant alternativement. Ce dispositif, plus coûteux que le suivant, n'est utilisé que dans les cas où l'on doit faire de très grands efforts, labours très profonds (jusqu'à 0m80), défrichements ; 2° on emploie un treuil unique, le chariot moteur porte alors deux treuils ; le câble part de l'un, est fixé à la charrue, et va passer à l'autre extrémité du champ sur une poulie portée par un chariot, puis vient s'enrouler sur le second treuil.

Lorsque la charrue se dirige vers la poulie de renvoi, c'est le câble venant de celle-ci qui tire. Sous l'effet de cette traction, la poulie tend à entraîner son chariot, mais celui-ci porte une ancre qui mord dans le sol et l'immobilise. Dans le sens inverse, c'est le chariot porte-treuil qui sert d'appui, le chariot porte-poulie est soulagé et, on peut alors le désancrer et l'amener à la position voulue pour le sillon voisin.

Le courant est amené au treuil par un câble reposant sur le sol, et s'enroulant sur un tambour qui le maintient suffisamment tendu.

Le câble de traction est en acier, les fils qui le composent doivent être assez gros (2 millimètres environ) pour ne pas s'user trop rapidement, un frein agit sur le brin qui se déroule de manière à maintenir le câble constamment tendu, ce qui l'empêche de trop frotter sur le sol.

Pour que le mouvement du câble ait lieu dans de bonnes conditions, il ne faut pas que la longueur des sillons soit supérieure à 300 ou 400 mètres. La vitesse de marche de la charrue ne doit pas dépasser 0^m90 à 1 mètre par seconde, quoiqu'on soit allé jusqu'à 1^m50. Cette vitesse, dépend d'ailleurs des conditions du labour lui-même. C'est ainsi, que dans les défrichements où l'on est obligé de faire accompagner la charrue par un ou plusieurs aides, pour enlever les grosses pierres, les racines, etc..., la vitesse sera beaucoup plus réduite.

En labour ordinaire, on ne peut guère mettre plus de quatre socs à la charrue, ce qui donne une moyenne de 1^m20 comme largeur travaillée. En tenant compte de ces chiffres, et du temps nécessaire pour faire basculer la charrue, déplacer le treuil, etc..., il faut compter trois à quatre heures pour travailler un hectare à 0^m25 de profondeur.

Pour accomplir ce travail, il faut des moteurs d'une puissance de 12 à 15 chevaux. Il y a lieu de remarquer, comme on l'a déjà fait, que par suite des obstacles qu'on rencontre, l'effort varie considérablement ; le moteur devra donc pouvoir supporter des surcharges très grandes, allant jusqu'au double de la charge normale. Sous cette condition, n'importe quel type de moteur convient. Pour les raisons ordinaires, on emploiera des tensions aussi élevées que possible : 500 à 600 volts pour les moteurs à courant continu.

Au point de vue économique, il est difficile de conclure dans un sens quelconque. Le prix de la main-d'œuvre, celui de l'énergie électrique, la nature des terres, la plus-value de récolte due à un labourage plus profond, sont les éléments qui entrent en jeu, et, chacun d'eux varie suivant les circonstances locales. On cite certains cas, où le labourage électrique aurait donné plus de 50 % d'économie sur les procédés habituels.

On peut compter, pour les labours ordinaires, sur une consommation de 25 kilowatts-heure par hectare, ce qui donne un prix de revient variant, tous frais compris, entre 25 et 35 fr., suivant le prix de l'énergie électrique.

Irrigations et drainages. — Une des applications destinées à se développer le plus rapidement pour les travaux agricoles, est la conduite des pompes servant à élever l'eau nécessaire à l'irrigation des terrains hauts, ou au contraire à évacuer celle provenant des drainages des terrains bas. La possibilité de commande à distance, facile et sûre, par la seule manœuvre d'un interrupteur, permet en effet d'installer ces pompes dans les emplacements les plus convenables, de les faire fonctionner avec une main-d'œuvre très réduite. Elles sont en même temps plus économiques, comme établissement, que les pompes mues par aéromoteurs, et leur fonctionnement est plus sûr. Elles rendent inutiles la construction des réservoirs, plus ou moins considérables, qu'on est toujours obligé d'adjoindre aux pompes éoliennes.

Cette application est de pratique déjà courante en Amérique, où l'on trouve de véritables installations d'arrosage, consistant en canalisations horizontales placées de 1 à 4 mètres au-dessus du sol, et à 10 mètres les unes des autres. Des tubulures verticales, placées sur ces conduites, laissent jaillir l'eau lorsque les pompes fonctionnent.

Battage des grains. — Le battage des grains s'opère, suivant les conditions et les usages locaux, soit dans les champs, soit à l'intérieur de la ferme. On emploie généralement des locomobiles pouvant développer de 5 à 8 chevaux, et permettant à la batteuse de débiter 100 à 200 hectolitres par jour.

La puissance nécessaire est assez variable, suivant la nature des céréales, leur état, la longueur de la paille. L'alimentation en gerbes se faisant à la main est assez irrégulière ; tantôt le tambour batteur tourne à vide, tantôt il se produit des bourrages entre le tambour et le contre-batteur. En raison de la masse et de la vitesse des organes, les à-coups qui en résultent pour le moteur sont beaucoup moins grands que pour le labourage.

On s'est contenté jusqu'ici pour le battage, de remplacer simplement la locomobile à vapeur par une locomobile électrique. Losqu'on fait du labourage électrique, la même locomobile peut servir pour le battage. On peut aussi disposer directement le moteur sur la batteuse, l'ensemble peut alors se déplacer facilement, ce qui donne de grandes commodités pour le battage. L'emploi du moteur électrique, (à condition que le collecteur pour les machines à courant continu soit bien couvert, de manière que les étincelles ne puissent mettre le feu aux poussières qui flottent dans l'air), permet de battre les récoltes engrangées ou placées sous les hangars, sans avoir besoin de les sortir de ceux-ci.

Éclairage des champs. — On peut songer à l'éclairage des champs, que l'emploi des lampes à arc rend seul possible, pour activer les travaux et mettre rapidement les récoltes à l'abri des intempéries. L'installation relativement facile, ne laisserait pas d'être assez onéreuse. Outre les frais propres qu'elle entraîne, il faut encore considérer que, pour pouvoir opérer ainsi de façon continue jour et nuit, il faut augmenter les équipes de travailleurs et d'animaux, et en outre que les salaires de nuit sont plus élevés que ceux de jour. Cette application de l'électricité, est donc à envisager surtout au point de vue économique ; elle constitue en quelque sorte une assurance contre les effets des intempéries. Il faut alors examiner, si la prime qu'on paie ainsi n'a pas une importance trop considérable vis-à-vis du résultat à obtenir. Il pourra toutefois y avoir, semble-t-il, avantage à le faire dans de grandes exploitations, lorsque pour d'autres raisons on aura déjà été amené à établir des canalisations électriques, pour les différents travaux de culture, car, dans ce cas, les frais d'éclairage seront excessivement minimes.

Travaux à l'intérieur de la ferme.

Une ferme est actuellement une véritable usine, qui se caractérise par la diversité des opérations à y effectuer, soit dans la journée, soit d'une époque de l'année à l'autre.

Éclairage intérieur. — Une des difficultés d'organisation des travaux agricoles, c'est qu'une grande partie de ceux-ci s'exécutent à l'extérieur, et que dès l'arrière-saison on ne dispose que de quelques heures de jour pour faire ceux d'intérieur. Certains locaux même ne reçoivent, par destination, dans le jour, qu'une clarté assez faible. On est donc conduit, pour travailler dans des conditions avantageuses, à le faire à la lumière artificielle. L'éclairage des locaux agricoles est assez difficile à résoudre, parce qu'ils contiennent pour la plupart des matières inflammables, et que nombre de sources lumineuses doivent pour cela en être proscrites. La répartition en est assez variable, ce qui oblige à employer des lumières portatives, le plus souvent des lanternes ne donnant qu'un éclairage des plus médiocres. L'éclairage électrique est celui qui se prête le mieux aux locaux agricoles. Les canalisations sont faciles à établir dans des conditions de sécurité absolue, la possibilité de les allumer et de les éteindre, au moyen d'interrupteurs placés à l'extérieur des bâtiments, exclut toutes chances d'incendie. On peut placer les lampes dans toutes les positions qu'on veut, et par suite réaliser le meilleur éclairage possible. On utilisera bien entendu des lampes à incandescence, qui se prêtent mieux à la division de la lumière, et donnent les meilleures conditions de sécurité contre le feu tout en ne nécessitant presque aucun entretien. En outre, c'est une adjonction forcée à la conduite électrique des appareils de la ferme et aussi, dans la plupart des cas, le mode d'éclairage le plus économique.

Alimentation en eau. — Pour l'alimentation en eau de la ferme, la pompe mise en mouvement au moment du besoin, et supprimant l'emploi des réservoirs est la solution économique. Déjà, dans beaucoup d'exploitations, on emploie pour l'alimentation en eau des pompes mues par moteurs à pétrole. D'après des expériences faites à Poitiers en 1912, le prix de revient de l'eau élevée électriquement est notablement inférieur à celui de l'eau élevée par moteur avec pompe (le kilowatt-heure étant compté à 0 fr. 25 et le pétrole à 0 fr. 41 le litre).

Dans toutes ces installations le moteur est accouplé directement à la pompe, ou bien il la commande par courroie, en étant placé au-dessus d'elle. Ce dispositif doit forcément être employé, lorsque la pompe risque d'être noyée, ou lorsqu'on utilise un moteur portatif, qu'on emploie d'ailleurs en dehors des heures de puisage.

Outre son avantage économique, l'emploi de l'électricité se prête encore bien à l'alimentation en eau, puisqu'elle permet d'adjoindre aux pompes des appareils de stérilisation, soit par ozonisation, soit par action des rayons ultra-violets.

Appareils d'intérieur de ferme. — Ces appareils ont pour but, soit la préparation de la nourriture pour les animaux, soit la préparation des grains pour les semences ou pour la vente, cas des appareils de manutention (treuils, élévateurs, etc.). On utilise aussi des appareils à traire, des brosses rotatives pour le pansage, des séparateurs, des burettes, etc., des ventilateurs dans les laiteries. Tous ces appareils peuvent être conduits par des moteurs électriqués. Souvent on se contente d'adapter une poulie à une machine à main, pour la faire conduire par un moteur électrique. Il est préférable, au point de vue économique, d'avoir des machines construites spécialement pour être mues électriquement.

Suivant les cas, on emploie des installations fixes (moteur et appareil conduit), ou des moteurs portatifs, ce qui est facile à cause des faibles puissances exigées. Ceux-ci conduisent les appareils par flexible ou par courroie, on les alimente au moyen de fils souples aboutissant à des prises de courant judicieusement placées. Dans ce cas, il est bon d'employer des conducteurs recouverts d'une enveloppe en cuir, comme ceux utilisés dans les théâtres, ce qui donne une protection efficace contre les causes de détériorations extérieures, tout en réservant la souplesse voulue.

Les moteurs peuvent être d'un type quelconque, mais doivent être susceptibles de subir momentanément d'assez fortes surcharges, le travail de beaucoup d'appareils étant assez irrégulier, par suite du manque d'uniformité des matières à traiter.

Pour tous les endroits poussiéreux, on prendra des moteurs clos, afin d'éviter tout danger d'incendie.

Les dispositifs de mise en marche doivent être simples et robustes. Si l'on veut se prémunir contre les surintensités, il sera préférable d'employer un disjoncteur, au lieu d'un coupe-circuit dont les fusibles peuvent causer des déflagrations de poussières inflammables, ou qui, par suite de négligence, peuvent être remplacés par des fils quelconques, lorsqu'on manque momentanément de ceux qui doivent les garnir.

Les prises de courant devront être munies de bouchons étanches, pour empêcher les poussières de s'y introduire, ce qui pourrait amener des courts-circuits.

Le tableau suivant, emprunté à M. P. Lecler, donne les caractéristiques des principaux appareils employés dans les travaux intérieurs des fermes.

Conditions de fonctionnement de divers appareils. d'intérieur de ferme

Désignation des Appareils	Quantité de matières travaillées par heure en kgs	Énergie consommée par heure en watts-heure (moyenne)	Énergie par 100 kgs de matières travaillées (watts-heure)
1° *Broyeurs*			
Broyeur d'engrais	2.000-2.500	2.600	125
— d'os frais (petit appareil) ...	13	150	2.000
— d'ajoncs	360	1.500	420
— de pommes	1.000	500	50
— de tourteaux	550	750	150

Conditions de fonctionnement de divers appareils d'intérieur de ferme

(Suite).

Désignation des Appareils	Quantité de matières travaillées par heure en kgs	Énergie consommée par heure en watts-heure (moyenne)	Énergie par 100 kgs de matières travaillées (watts-heure)
2° *Concasseurs et aplatisseurs*			
Petit aplatisseur à avoine	16	200	1.000
— à maïs	50	200	400
Aplatisseur d'avoine (type Bool)	400	110	275
Concasseur à meules (avoine)	50	300	600
— avec serrage excessif	50	1.500	3.000
— à meules (orge)	250	1.800	750
3° *Appareils divers*			
Coupe-racines avec décrotteur (betteraves)	1.800	450 à 500	25
Coupe-racines sans décrotteur	—	—	20
Elévateur à paille par ventilateur	2.000	—	300
— — par chaîne	—	—	20-25
Presse à paille	—	3.500	—
Hache-paille : paille coupée à 8 $\frac{m}{m}$	400	1.000	400
— — à 15 $\frac{m}{m}$	—	—	300
Laiterie par 100 litres traités	—	—	250-250 (?)
Moulin agricole	70	1.600-1.800	2.500 (?)
Trieurs	120	—	20
Tarare ensacheur	600	—	50
4° *Batteuses*			
Petites batteuses	très variable	moteur 2 à 4 HP	400-500
Batteuses perfectionnées	—	— 5 à 10 HP	500-1.000

Installation dans la ferme. — Il apparaît que la distribution à l'intérieur d'une exploitation agricole, doit être traitée avec simplicité. A l'extérieur les conducteurs seront nus, et placés sur des isolateurs supportés par des ferrures scellées dans les murs, ou par des poteaux. Ils devront être à hauteur suffisante, pour que les charges les plus hautes des voitures ne puissent les atteindre.

A l'intérieur, il semble que le mieux est d'employer des conducteurs à isolement fort supportés par des taquets, poulies, etc. en porcelaine, ce qui facilite la surveillance, et permet de faire aisément toutes les modifications qu'on désire apporter à l'installation. Dans les locaux humides, on prendra toutes les précautions habituelles : isolement très fort, lampes sous verrines étanches.

Outre les interrupteurs ordinaires placés, sur le tableau d'où partiront les divers circuits, il sera bon de prévoir sur les canalisations des sectionneurs, permettant d'isoler certaines de leurs parties tout en conservant l'éclairage sur le reste, précaution qui peut être utile en cas d'incendie. Dans le même but, la ou les pompes alimentant d'eau la ferme pourraient être desservies par une canalisation spéciale. Il serait même utile d'avoir en réserve du câble souple, permettant de les brancher momentanément sur un autre circuit, si le leur était atteint par le feu.

On adoptera un appareillage ne comportant que quelques types. Il en sera de même pour les sections des conducteurs, de manière à pouvoir constituer facilement une petite réserve de matériel, permettant de faire immédiatement les réparations, qui peuvent quelquefois sans cela attendre longtemps, en raison de l'éloignement de la ville. Cette uniformité, qui entraîne peut-être un peu plus de dépenses pour la première installation, rend beaucoup plus commode la surveillance et l'entretien, qui peuvent être confiés ainsi à n'importe quel ouvrier un peu adroit.

Alimentation en électricité des exploitations agricoles

L'organisation de la production, et de la distribution de l'énergie électrique nécessaire aux exploitations agricoles, est une question assez complexe à traiter.

L'organisation de l'électroculture nécessite la création d'un réseau complet, s'étendant au-dessus de tout le domaine, et amenant par suite de fortes dépenses d'installation. Mais par contre, l'électroculture n'entraîne qu'une consommation relativement faible d'énergie, et cette consommation peut être considérée comme n'ayant lieu, qu'aux époques où les travaux de culture extérieurs n'en nécessitent pas. Elle est en outre très régulière, et ayant lieu de jour, elle peut utiliser les heures de chômage des usines, qui n'ont pas de lumière à fournir à ce moment. Sauf donc la question de frais de premier établissement et d'entretien, la culture électrique peut se faire sans complications d'organisation de l'usine desservant l'exploitation, elle en sera au contraire un complément souvent fort utile. Il en est de même des irrigations ou des drainages, qui sont aussi des travaux fort réguliers.

L'emploi de moteurs électriques pour les travaux extérieurs, pour le labourage en particulier, présente plus de difficultés. Comme nous l'avons vu au cours de cette étude sommaire, la puissance des moteurs nécessaires est de beaucoup supérieure à celle de ceux conduisant les appareils de ferme. En outre, comme on l'a dit, c'est un travail par à-coups, il faut donc qu'on puisse s'alimenter avec une usine capable de supporter ceux-ci, et de fournir la puissance nécessaire sans qu'il en résulte l'obligation d'employer des génératrices, dont la puissance totale soit par trop supérieure à celle qui correspond au travail quotidien moyen. Il faut donc, soit marcher sur un secteur très important, soit pouvoir disposer d'une source d'énergie à très faible prix de revient, comme cela a lieu pour les usines hydrauliques.

A l'heure actuelle, la question de l'électrification se pose surtout pour les travaux intérieurs de ferme, éclairage et conduite des appareils.

Ces applications mêmes sont encore si peu répandues, qu'il est difficile de tabler sur les résultats obtenus pour en tirer des conclusions. Sauf pour l'éclairage, où l'on se trouve dans des conditions analogues à celles qu'on rencontre partout, il est difficile de bien établir quel sera le régime de la consommation. L'heure, l'époque de l'emploi des appareils varient d'une contrée à l'autre, et dans chacune d'une exploitation à l'autre. Pour les petites exploitations, la consommation annuelle en lumière est généralement plus forte que celle en force motrice, l'ensemble atteindrait une vingtaine de kilowatts-heure par hectare et par an. Pour les grandes exploitations c'est l'inverse qui se produit, la dépense pour force motrice est beaucoup plus considérable que celle en lumière ; en Allemagne on compte 20 kilowatts-heure par hectare et par an pour la force motrice, et 2 pour l'éclairage ; d'après M. Lecler, ces derniers chiffres pourraient être réduits de moitié.

Le *coefficient d'utilisation* des moteurs, c'est-à-dire le rapport de l'énergie totale consommée à leur puissance nominale, ou, ce qui revient au même, le nombre d'heures total qu'ils devraient fonctionner à pleine charge pour produire le travail qui leur est demandé, est très faible : 38 à 200 heures par an environ. Ce coefficient varie mensuellement, certains appareils ne travaillant qu'à des saisons déterminées, d'autres au contraire étant en service d'une manière à peu près uniforme.

Il résulte de la variation de ce coefficient une grosse difficulté pour déterminer la puissance à donner à l'usine génératrice, difficulté qui se trouve accrue du fait que, suivant les cas, ces moteurs fonctionneront en même temps que l'éclairage ou en dehors de celui-ci. Pour ce dernier point, on peut arriver à une certaine régularité si le courant est vendu en fixant des prix différents suivant les heures de la journée, de manière à amener le client à user de ses moteurs au moment où l'énergie est la moins chère, c'est-à-dire pendant le jour. Pour les grosses exploitations, cela a une importance moindre, puisque c'est la force motrice qui l'emporte comme consommation. Dans le cas où le courant est produit par l'exploitant lui-même, c'est à lui de régler le service, de manière à régulariser le débit de son usine génératrice.

Comme dans tous les cas de distributions devant servir à des emplois très variés, on n'arrivera à avoir une solution économique que, si la puissance totale distribuée est assez grande pour que la courbe de charge se régularise, et qu'on ait en tous cas la possibilité de subdiviser l'usine en plusieurs groupes, de puissances assez grandes pour travailler chacun économiquement, et permettant d'avoir toujours un fonctionnement voisin de la pleine charge, pour les groupes utilisés. Pour les trop petites installations, on serait obligé d'avoir recours à des accumulateurs pour parer aux pointes du débit, ce qui est toujours une solution assez onéreuse.

Sauf le cas exceptionnel où il dispose d'une chute d'eau, il ne semble pas qu'il y ait avantage, pour l'exploitant, à produire son électricité. Actuellement, beaucoup de moulins de puissance faible ne sont plus utilisés pour la mouture; les barrages et vannages existant, il serait possible de les transformer à peu de frais en usines électriques, permettant de desservir les exploitations voisines. La robustesse des turbines et des dynamos permettant de confier leur conduite à un ouvrier agricole quelconque, on aurait là un moyen simple et économique d'utiliser des forces actuellement perdues.

L'emploi des moulins à vent, même perfectionnés, semble devoir donner de moins bons résultats, quoique ici encore la force motrice ne coûte rien. Il faut, en effet, par suite de l'irrégularité de leur fonctionnement, leur adjoindre de fortes batteries d'accumulateurs onéreuses à acquérir, délicates et coûteuses à entretenir en bon état.

L'emploi d'une petite usine mue par un moteur à pétrole, avec batterie d'accumulateur, s'indique plus pour la commodité qui en résulte dans l'exploitation de la ferme, que pour l'économie plutôt doûteuse qu'on peut en tirer.

L'électrification des procédés agricoles ne se développera qu'autant que le prix de revient sera meilleur marché. Il y a donc avantage, pour les agriculteurs, à se syndiquer pour l'emploi de l'électricité, comme ils le font déjà pour leurs différents besoins, de manière à former un bloc de consommateurs assez important pour pouvoir produire eux-mêmes, à faible prix, l'électricité qui leur est nécessaire, ou à traiter dans des conditions avantageuses, avec des entreprises de distribution. On commence à entrer dans cette voie en France, de tels réseaux sont déjà installés en Allemagne. Celui de Derenbung, dans le Harz, fonctionne depuis 1909, il comporte 20.000 lampes représentant une puissance de 687 kilowatts, et 2.241 kilowatts de force motrice installée, soit à peu près le triple de l'énergie lumière. Les consommations sont à peu près dans le même rapport: 557.000 kilowatts-heure de force motrice contre 186.000 kilowatts-heure pour la lumière par an. La puissance maximum consommée est de 600 kilowatts seulement, la consommation journalière est d'ailleurs bien répartie, comme le montre le graphique de la figure 70.

Cet exemple montre, que la fourniture d'électricité à l'agriculture

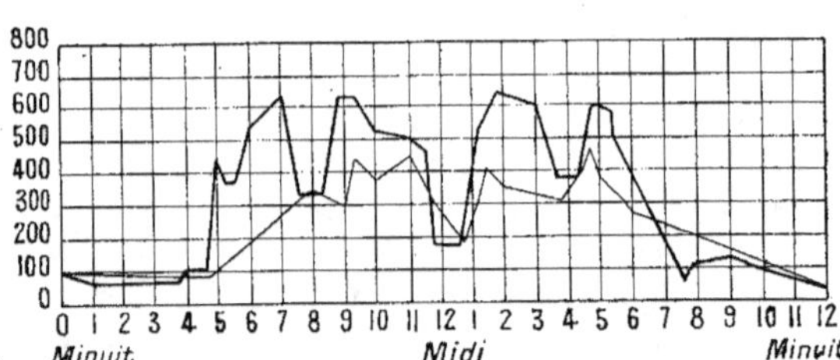

Fig. 70.

se présente dans des conditions très favorables pour le producteur et que, par suite, l'énergie peut être vendue à bon compte au consommateur. Il y a donc lieu d'espérer, qu'il y a là un débouché important pour l'industrie électrique.

CHAPITRE VIII

Applications militaires de l'électricité

Les applications militaires de l'électricité ne constituent pas, à proprement parler, un chapitre spécial de l'électricité industrielle. Comme pour la mécanique appliquée générale, on a mis à profit toutes les commodités que l'électricité pouvait apporter en utilisant, avec, au besoin, les quelques modifications nécessaires pour en rendre l'usage pratique, les applications usuelles. C'est donc plutôt une énumération de ces applications, que des descriptions, que nous allons faire rapidement. Elle suffira pour montrer jusqu'à quel point l'électricité est entrée dans le domaine militaire, et l'importance déjà considérable qu'elle y a acquise.

Télégraphie et téléphonie. — On ne conçoit pas actuellement une armée qui ne disposerait pas de moyens de communications, télégraphiques et téléphoniques, pour relier entre eux les différents échelons du commandement et les troupes, et réunir l'armée au pays. Dans tous les états, toutes les places fortes sont munies de réseaux télégraphiques permanents, reliant au gouverneur les ouvrages et les services. Des troupes de télégraphistes (8e régiment du Génie en France) sont chargées de créer à chaque instant, pour les troupes en campagne, les réseaux nécessaires à leurs communications. Ces réseaux sont constitués : partie par l'utilisation des postes et des lignes des réseaux civils existant, partie au moyen de lignes et de postes créés au moment du besoin. Ces lignes et ces postes nouveaux sont équipés au moyen d'un matériel spécial portatif, permettant de les établir rapidement.

En règle générale, les communications sont télégraphiques, ce qui permet de garder trace des transmissions, et donne une grande sécurité pour leur exécution. Les communications téléphoniques sont surtout utilisées pour les transmissions secondaires, et pour les communications demandant des échanges rapides comme des renseignements, des explications, etc.

La *télégraphie sans fil*, permettant d'échanger rapidement des communications entre deux points quelconques a, en France, été à son début utilisée presque exclusivement pour les communications militaires. Les études faites tant au Département de la Guerre, par le colonel Ferrie et ses collaborateurs, que par la Marine, ont contribué pour beaucoup aux perfectionnements de la T.S.F. et tout un matériel de postes fixes dans les places et les ports, de postes automobiles où le moteur de traction sert en même temps à la production de l'énergie électrique nécessaire, de postes à bord des navires de guerre, permet d'assurer constamment toutes les communications nécessaires entre les divers éléments de la défense nationale.

Les services rendus par la télégraphie sans fil, pendant les diverses colonnes qui ont eu lieu au Maroc, ont permis de constater qu'elle constituait un organe précieux pour les armées.

Projecteurs. — Dès la guerre de 1870, le projecteur à arc électrique fut employé, lors du siège de Paris, pour surveiller de nuit les approches de l'ennemi. Cette utilisation n'a fait que croître depuis ; les places fortes, les ouvrages fortifiés, les navires sont munis de projecteurs puissants leur permettant de surveiller constamment leurs abords, ou d'éclairer brusquement le terrain où on veut surprendre l'ennemi par une attaque de nuit.

Les troupes de campagne sont munies, elles aussi, de projecteurs portés par un chariot avec groupe électrogène, chariot traîné par des chevaux ou à traction automobile (ici encore le moteur de traction sert à produire le courant).

Un projecteur comporte un arc électrique, situé au foyer principal d'un réflecteur donnant naissance à un faisceau sensiblement cylindrique. Ce réflecteur est souvent constitué par une lentille sphérique à ménisque divergent, dont la face convexe, opposée au foyer lumineux, est argentée (miroir Mangin) ; le jeu des réfractions sur les deux faces et de la réflexion donne un faisceau de rayons parallèles. Actuellement, on est arrivé à travailler assez parfaitement le verre et le métal, pour obtenir de très bons miroirs paraboliques. La surface réfléchissante est souvent dorée, ce qui donne de très bons résultats, au point de vue de l'éclairement et de la portée obtenus.

Il faut employer des lampes où les charbons soient inclinés ou même horizontaux, de sorte que toute la lumière émise par le cratère, qui constitue la majeure partie de celle fournie par l'arc, tombe sur le miroir. Le cratère doit être bien maintenu au foyer, pour que le faisceau reste bien parallèle, aussi emploie-t-on pour cela des lampes ayant un mécanisme de régulation de grande précision, réglé le plus souvent par un petit moteur électrique.

Pour bien observer avec un projecteur, il faut être placé en dehors et sur le côté du faisceau, à une certaine distance. L'observateur peut, dans ce cas, commander à la voix à un aide, qui les exécute à la main, les déplacements à donner au faisceau lumineux pour battre le terrain. Cette manœuvre à la main manque de sûreté, et elle est impossible avec les gros projecteurs, aussi munit-on ces appareils de deux moteurs placés dans leur socle, l'un commande le mouvement en direction autour d'un axe vertical, l'autre celui de l'inclinaison sur l'horizontale.

La commande du projecteur se fait alors à distance, par l'observateur lui-même, au moyen d'un des nombreux dispositifs employés à cet effet pour tous les moteurs électriques. L'observateur est ainsi maître de son faisceau, qu'il promène sur le terrain comme il le veut. Un dispositif électrique lui permet de manœuvrer, en même temps, l'écran servant à masquer le feu ou à le découvrir, au moment du besoin.

Le faisceau lui-même décèle la présence du projecteur, et ne permet pas la surprise ; pour remédier à ce défaut, au lieu d'employer une simple commande à distance, on asservit le projecteur. L'observateur examine le but avec une lunette, et l'axe du projecteur suit tous les mouvements de celle-ci en lui restant parallèle. Lorsque l'ennemi est au point voulu pour qu'on agisse, on démasque le feu qui se trouve exactement dirigé sur lui. Cette mesure est d'un usage général dans la marine de guerre ; un navire doit, la nuit, avoir tous ses feux éteints pour ne pas déceler sa présence ni être surpris. Les observateurs surveillent les environs, et lorsqu'un indice leur révèle l'ennemi, les projecteurs sont brusquement démasqués sur lui. On a vu dans le chapitre II avec quelle facilité s'obtenait cet asservissement.

La lampe à arc est seule pratique pour les projecteurs, les lampes à incandescence, même pour les petits calibres, ne peuvent être utilisées, car on ne peut concentrer leur lumière au foyer de l'appareil, et une faible partie du filament seule est employée.

Les projecteurs doivent être construits de manière à soustraire l'arc aux effets du vent, tout en ménageant une ventilation suffisante pour que les miroirs ne soient, ni déformés, ni abîmés, par suite de la grande chaleur dégagée par l'arc.

Mines. — Les mines sont des charges d'explosifs, disposées sous l'eau ou sous le sol, qu'on fait détoner soit pour produire la destruction d'un ennemi passant au-dessus d'elles, soit pour des démolitions. On peut faire la mise de feu au moyen d'amorces électriques, consistant en un tube contenant une matière détonante (fulminate de mercure), à l'intérieur de laquelle est placé un fil fin de platine dont l'incandescence, sous l'action du passage d'un courant, produit l'explosion. L'amorce est réunie à la source par des conducteurs à double fil, fortement isolés.

La source est une pile, ou souvent un *exploseur* constitué par une petite magnéto identique, dans ses grandes lignes, à celles qui servent pour l'allumage des moteurs à explosion.

La mise de feu électrique n'est guère utilisée que dans le cas où elle doit se faire à un moment très précis : passage d'une troupe ou d'un navire au-dessus de la mine. Les amorces électriques sont en effet très délicates, souvent le fil de platine n'est pas élevé à une température suffisante, ou bien il se volatilise sans provoquer l'explosion. Il est en outre très difficile de protéger les amorces et les conducteurs mis en place contre les effets de l'humidité, aussi, sauf le cas spécial que nous venons d'indiquer, préfère-t-on employer les mises de feu pyrotechniques beaucoup plus robustes.

Guerre de mines. — Lorsqu'on n'a pu réussir à faire une brèche dans l'enceinte d'un ouvrage au moyen de l'artillerie, on cherche à la pratiquer en allant disposer contre les murs des fossés des fourneaux de mines. On établit pour cela des galeries souterraines, formant le système de mines de l'assiégeant. Le défenseur, pour parer à cette attaque, construit un système de contre-mines pour aller au-devant d'elles, et chacun des deux partis cherche à détruire le système de l'autre, en faisant exploser des fourneaux de mines. On est ainsi conduit à construire, des deux côtés, un réseau étendu de galeries souterraines, de sections très étroites [1], dans lesquelles il est difficile d'assurer dans de bonnes conditions l'aération et l'éclairage. On y emploie sur une vaste échelle l'électricité, pour donner la lumière, et pour commander des ventilateurs puissants, nécessaires pour assurer l'évacuation rapide des gaz délétères provenant des explosions.

On l'utilise encore pour actionner des perforatrices, permettant d'accélérer le travail de creusement des galeries.

Mise de feu électrique des pièces sous tourelles. — Dans les tourelles cuirassées destinées à protéger les pièces contre le tir ennemi, le point vulnérable est constitué par l'embrasure, aussi celle-ci ne doit être tournée vers l'ennemi que juste au moment où le coup est tiré. Les opérations de la charge et du pointage en hauteur, pointage fait au moyen du niveau à bulle d'air d'après les données du tir, se font l'embrasure tournée du côté opposé à l'ennemi. Puis on fait tourner la tourelle, et le coup part au moment où la pièce se trouve dans la direction voulue. Pour cela, l'amorce est constituée par une étoupille électrique, petit tube de cuivre contenant une composition fusante, traversée par un fil de platine qui rougit sous le passage d'un courant électrique, produit par une pile. Un des pôles de la pile est réuni à un des bouts du fil de platine, l'autre extrémité de celui-ci est reliée à un contact porté par la tourelle, et se mouvant au-dessus d'une circulaire concentrique à celle-ci et graduée en degrés et minutes. Sur cette circulaire, on dispose au point indiqué par les données du tir un curseur relié au second pôle de la pile. Le coup part au moment où le contact de la tourelle rencontre le curseur de la circulaire.

Applications dans les forts. — L'électricité dans les forts sert à assurer l'éclairage, le fonctionnement des ventilateurs produisant l'aération des casemates souterraines où s'abritent les défenseurs. On l'emploie aussi pour la conduite des moteurs menant les tourelles, des monte-charges pour projectiles, etc.

---

[1] Les galeries les plus voisines de l'ennemi, dites *rameaux de combats*, où se fait le plus gros travail et qui sont envahies par les gaz des explosions, n'ont que 0^{m}60 × 0^{m}75 de section.

Emplois divers en campagne. — La mise au point des petits groupes électrogènes facilement transportables, permet de prévoir l'utilisation de plus en plus grande de l'électricité, pour un grand nombre de services en campagne, par exemple l'éclairage des quartiers généraux. Les états-majors, pour la concentration des renseignements, la confection des ordres, ont un gros travail à fournir, travail qui doit avoir lieu souvent de nuit. Il est déjà difficile de trouver, dans les endroits où on est obligé de les placer, des locaux satisfaisants, l'éclairage ordinaire toujours plus ou moins improvisé, est des plus défectueux, et rend le travail excessivement pénible. On est assez habitué maintenant aux installations rapides et démontables d'éclairage électrique, pour concevoir qu'il est facile de prévoir dorénavant cet éclairage pour les divers services en campagne, ce qui, en facilitant matériellement le travail, ne peut qu'améliorer son exécution.

On peut ainsi électrifier (éclairage et main-d'œuvre) les gros parcs de réparation, les boulangeries de campagne, les gares improvisées, les chantiers de gros travaux de voies de communicàtion (voies neuves ou réparations). Sans entrer dans le détail de ce qui est fait à ce sujet, nous pouvons assurer que l'armée française n'est pas en retard, dans cette modernisation des ressources militaires.

L'électricité dans la marine. — L'électricité a pris dans la marine militaire une place prépondérante. Nous y trouvons, bien entendu, toutes les applications existant dans la marine marchande : éclairage, commande de toutes les manœuvres auxiliaires, celles propres à un navire de guerre, manœuvre des tourelles, des canons de gros calibres, des monte-charges, etc.

Ce qu'il faut surtout observer, c'est que seule l'électricité a permis la réalisation du navire de guerre moderne. Tout le monde est à l'abri sous les blindages; seul, de son blockhaus, le commandant voit, donne les ordres et fait évoluer son navire. Transmetteurs d'ordres électriques, téléphones haut-parleurs dominant le bruit des coups de canon, commande électrique des gouvernails, sont les organes souples et rapides transmettant la pensée du chef en tous les points, et précipitant son exécution. Un navire de guerre est une colossale usine électrique, dominée par une seule volonté.

Cette électrification des navires a fait surgir un grand nombre de problèmes, beaucoup ont été la source de nombreux perfectionnements à l'appareillage, dont a profité dans une large mesure l'industrie civile.

Enfin, rappelons que seule l'électricité a permis de résoudre le problème de la navigation sous-marine, en donnant le moyen d'emmagasiner l'énergie sous la seule forme où elle pouvait travailler sans emprunter le secours de l'air, qui doit ici être uniquement réservé à la respiration de l'équipage. L'accumulateur, si mal vu par tant d'électriciens, considéré par beaucoup comme un accessoire encombrant et archaïque, a trouvé là une éclatante revanche en permettant à l'homme la conquête d'un nouveau domaine.

L'électricité règne actuellement en maîtresse sur terre, sur mer, sous les eaux, peut-être dans un avenir prochain le domaine aérien lui sera-t-il ouvert. Si la conception de certains physiciens qu'il n'y a que des phénomènes électriques ne prévaut pas par la suite, on peut estimer que l'électricité deviendra l'agent universel des manifestations de l'activité humaine.

TABLE DES MATIÈRES